Roselyne BERTIN

EPHEMERIDES

EDITIONS MARIE-NOËLLE

7, RUE DE LA LIBERTÉ · 39700 ORCHAMPS

ISBN 2-910186-08-3

A ma mère,

CHAPITRE 1

L'année commence en septembre. Quand la première feuille jaune signifie a l'été sa reddition et que les vacances s'achèvent dans les derniers soubresauts d'août, alors se profile l'année nouvelle.

Janvier ne m'est rien, dont les jours trop blancs et les nuits trop longues ne sont pas encore prémices de printemps, et le Premier de l'An, défiguré par des bombances outrancières, ne me touche guère. Me touche d'autant moins qu'il s'inscrit dans une continuité qui commence le cinq ou six septembre et prend fin au mois de juin. Au matin de la pré-rentrée, d'un coup d'éponge s'efface l'année précédente, poussière de souvenirs aussi impalpable que la craie du tableau noir. Et, d'un coup de reins, on charge sur ses épaules la hotte de l'année nouvelle qui donnera son visage à la vie quotidienne.

Au matin de la pré-rentrée, alors que nos futurs élèves profitent avec gourmandise de l'ultime jour de pure liberté, nous voilà de retour au collège. Lassitude ou satisfaction, nostalgie ou fatalisme, sans doute nos sentiments sont-ils mêlés ; au bout de presque vingt années d'enseignement, on pourrait penser qu'il n'y a plus guère de curiosité, qu'elle s'est émoussée au fil des habitudes. Et pourtant !...

Pourtant, à l'orée de l'année scolaire, je redeviens petite fille en tablier dans une épicerie comme il n'en existe plus. C'est une boutique sombre, biscornue, qu'éclaire mal une ampoule trop chiche ; elle ouvre sur le trottoir sa porte étroite affligée d'un timbre aigrelet et mal défendue par un rideau de boules de buis. Il y a bien une vitrine, mais tant de cageots de légumes l'obstruent qu'ils font barrage à la lumière ! Le long des murs s'alignent des étagères fantastiques, toutes chargées de paquetages en carton. Certains sont carrément inaccessibles et menacent le plafond où dorment les mouches. Derrière le comptoir, surmonté d'une grosse balance à plateaux de cuivre, un meuble trapu recèle dans ses flancs des armées de légumes secs. Tirés, ses tiroirs révèlent de gros « lingots » blancs veinés de mauve pâle, des pois-chiches farineux et grenus, des lentilles plates et vertes dans lesquelles on plonge la pelle et qui glissent, fraîches, sur la main. Lorsqu'on les trie pour ôter les cailloux, leur caresse liquide engourdit les doigts qui gisent, inertes, au creux de la casserole et l'on se fait rappeler à l'ordre par grand-mère...

Du sol carrelé de tomettes, des murs blanchis, des coins et recoins de la boutique monte une odeur composite, inoubliable : odeur de savon et d'épices, d'aromates dans des bidons, de poireaux terreux, de fruits mûrs. Odeur du passé, à jamais tuée par le conditionnement sous cellophane. Dans cet antre magique règne Monsieur Pierre, l'épicier ensaché dans son tablier bleu. Il a une épaisse tignasse taillée en brosse, une voix joviale qui râpe un français émaillé de patois provençal, une grosse moustache qui bouge au-dessus de sa lèvre comme une petite bête à la fourrure soyeuse ; elle me fascine si bien que je n'écoute pas ce qu'il me dit et ne sais lui répondre. On rit autour de moi, on me traite de nigaude. Il rit plus fort que les autres et ne manque pas d'ajouter « Tè, cette petite, elle a perdu sa langue ! Vous trouvez ça normal, vous ? »

Dans cet antre magique, mes sept ans se glissent à l'ombre de maman venue faire, quotidiennement, les commissions. Car c'est tous les jours que ma mère – munie du billet de « mille francs » que lui remet chaque matin ma grand-mère et dont elle rapporte scrupuleusement la monnaie – se rend chez l'épicier, le boulanger, le boucher, la laitière... Il ne viendrait à personne l'idée de faire ses achats pour huit ou dix jours, même pas pour deux ! Et d'ailleurs, comment cela serait-il possible en ces années cinquante qui ne connaissent pas les congélateurs et découvrent seulement les premiers réfrigérateurs ? Chez nous, il n'y en a point : l'été, nous mettons le beurre et le fromage sur l'appui d'un fenestron orienté au Nord et les bouteilles à rafraîchir dans le ruisseau qui coule au bas du jardin. Il gargouille doucement une eau secrète, ombrée par les branches qui se courbent vers elle en un embrassement paisible, par les pierres barbues de mousse épaisse et sombre. A midi, au moment de passer à table, grand-père va chercher les bouteilles, les ramène ruisselantes et je me précipite pour y frotter mon front avant qu'il les essuie. Il les dépose sur la table, embuées d'une exquise fraîcheur, toutes bercées de rêves voyageurs tôt avortés qui se brisèrent sur leur goulot étroit...

Chez Monsieur Pierre, je lâche la main de maman, j'avance, comme malgré moi, vers le lieu attirant entre tous où, au milieu des bocaux dans lesquels s'agglomèrent des bonbons poisseux, trône le panier contenant les pochettes-surprise. Elles sont de gros papier gommé, ventrues, bossues, difformes, merveilleuses ! Offertes à notre convoitise d'enfants qui ignorent encore tout des supermarchés et de leurs étalages de jouets tentateurs, elles ouvrent la porte à tous les rêves ; gonflées de sucreries colorées et de jeux modestes, elles nous sont rarement accessibles en cette époque où le cadeau n'est pas monnaie courante. Mais quand le miracle se produit et que l'on tient dans ses bras, longuement choisie, la pochette-surprise, quelle émotion ! Brune ou bleue, bien pointue ou un peu aplatie, plus lourde ou plus légère, que contient-elle ?

Le matin de la pré-rentrée, nous sommes tous des gosses auxquels, de gré ou de force, on remet leur pochette-surprise. Dans le brouhaha indiscipliné de la première réunion, on donne à chacun une chemise cartonnée : que contient-elle ? Des directives administratives, l'emploi du temps qui régira les mois à venir, la liste des élèves de chaque classe. On l'épluche d'un regard rapide. Vingt-cinq noms qui, souvent, n'ont pas encore de visage, dont certains – hélas déjà connus – font grimacer.

Cette année-là, ma pochette-surprise me laissa perplexe. A côté d'une banale classe de troisième avec ses vingt-quatre élèves réglementaires, dont je connaissais un bon tiers pour avoir vécu avec eux les péripéties d'une ou deux années scolaires, venait – comme je l'avais souhaité – une cinquième qui n'était en fait que mon ancienne classe de sixième. Je savais déjà que j'en retrouverais avec plaisir les frimousses familières. Les garçons auraient encore, pour la plupart, un air d'enfance et une bouille ronde ; quelques uns, grandis trop vite en deux mois, poseraient des têtes de hiboux étonnés sur leurs épaules osseuses et leurs corps maladroits de sauterelles ; ils commenceraient à avoir une ombre sale au-dessus de la lèvre et leur voix mal maîtrisée leur jouerait des tours. Les filles, elles, auraient presque toutes perdu leur grâce d'enfants ; avec leurs seins naissants et leurs fesses plus rondes dans les jeans, elles agaceraient l'œil des copains. Tout ce petit monde enchaînerait directement avec l'année précédente et, après deux heures de cours, aurait presque oublié les vacances.

Mais ma pochette me réservait une surprise : c'était la troisième liste. Celle-là, je ne l'attendais pas du tout. Les noms m'en étaient inconnus. C'étaient ceux des élèves de quatrième CPPN.

CHAPITRE 2

Pourquoi devient-on professeur ? J'ignore pour quelles raisons les autres le sont devenus, mais je sais pourquoi, moi, je le suis. Ce n'est pas le hasard qui m'a fait entreprendre des études supérieures de Lettres. Aussi loin que je remonte dans mes souvenirs, j'ai voulu enseigner parce que, d'emblée, j'ai aimé l'école !

A six ans j'étais encore fille unique. Je menais une vie recluse d'enfant solitaire au milieu de quatre adultes : mes parents et mes grands-parents paternels. Nous habitions la banlieue de Marseille, à une douzaine de kilomètres du centre, ce qui représentait pas loin d'une heure de tramway ! Marcel Pagnol a rendu si célèbre le village de La Treille au pied duquel je suis née que j'ai quelque scrupule à en parler après lui... La Germaine, un lieu-dit, quelques maisons gardées par des grilles et des murettes, deux trois commerces mal fagottés sous leurs avancées de canisses. Une route campagnarde que borde un parapet : je m'y aventure avec ce que je crois être une extrême témérité tout en serrant la main de ma mère. Des lézards s'y figent au soleil, minéralisés dans la grande chaleur de la matinée finissante, palpitant doucement jusqu'à ce que mon doigt, curieux mais malhabile, qui les effleure à peine et déjà trop, les chasse vers un trou protecteur. Une route couturée de larges estafilades, au goudron boursouflé pour avoir trop coulé et sur laquelle, tout à coup, deux cèdres somptueux versent une ombre bleue dans laquelle on frissonne, les épaules apeurées, au sortir de la grande lumière. Une route seulette qui, bientôt, laisse derrière elle maisons et conversations et ahane vers la colline, à l'abri des roseaux poussés en rangs serrés et que le vent griffu froisse avec un bruit mat les jours de grande soufflerie.

Nous occupions une maison vétuste dans laquelle mes grands-parents s'étaient installés après la guerre. Je la revois, carrée, massive, fardée de rose sombre par mes souvenirs d'enfant, close derrière ses persiennes à claire-voie qui fermaient chastement ses prunelles de verre. Son perron à la pierre trop lisse, usée par tant de pas demeurés avant moi, m'était comme une joue sur laquelle je couchais la mienne ; certains matins, il était jonché de tuiles brisées, tuiles romaines, vieillottes, dépareillées, que le mistral, pendant la nuit, avait jetées à pleines mains. Sa porte, dont la peinture s'écaillait – ah, quel délice de détacher du doigt les lamelles racornies qui résistent à peine, puis se détachent, fine poussière verdâtre qui s'infiltre sous l'ongle et sur laquelle on souffle, avant de recommencer ailleurs ! – s'ouvrait sur un corridor sombre et frais. Il s'enroulait très vite à la rampe en fer de l'escalier, partait à l'assaut du premier étage, puis des combles, tout là-haut, sous le toit, puis du ciel cueilli à fleur de main par l'unique fenêtre à tabatière. Ce corridor coupait la maison en deux parts égales, deux appartements comprenant chacun, au rez-de-chaussée, une salle à manger et un réduit en forme de cuisine, au premier deux chambrettes contiguës. C'est dans ces trois pièces que nous logions tous les cinq, trop heureux d'avoir trouvé un toit alors que la ville, largement bombardée, regorgeait de sans abri.

Maison ombreuse dans le gros de l'été qui liquéfie les bruits et dilue les couleurs ; quand la poussière danse dans les rais de lumière en moucherons dorés que j'essaie sans fin de saisir, brisant de la main leur immatériel ballet ; quand les pied nus laissent sur les tomettes d'un beau rouge foncé la trace des cinq orteils et du talon tout rond ; quand grand-mère, terrassée par la chaleur, ronfle d'inquiétante façon au fond de son fauteuil. C'est l'heure où le chat pousse du front la porte, se coule sous la table et s'endort, aplati comme une peau de chat abandonnée, un œil fermé sur son innocence, l'autre, luisant, me surveillant. L'heure où maman remue des casseroles dans la cuisine et chantonne tout bas puis, inquiète, me lance « Qu'est-ce que tu fais ? » et je réponds « Rien » parce que c'est plus commode et que ça me permet de continuer à m'ennuyer à petit bruit. L'armoire à glace m'attire, devant laquelle je me campe pour me faire, dans la pénombre, des grimaces qui n'humilient que moi. Maigrichonne en robe trop courte et cheveux trop longs rudement nattés chaque matin, je fixe sans complaisance ma silhouette gringalette aux genoux cagneux puis, bras arrondis au-dessus de la tête, j'esquisse un pas de danse et, dans la glace, la petite fille ma jumelle se met à tourner elle aussi et, apprivoisée, me rend mon sourire. Maman me jette un coup d'œil, retourne vaquer au-dessus de l'évier. Mais le carillon sonne une demie gutturale et grand-mère s'éveille ; elle essuie son menton où dégouline la bave, pose sur moi un regard qui se vrille entre mes deux épaules et me cloue sur place, marionnette désarticulée. Sa voix bougonne :

– Tu sais ce que je t'ai dit ! Si tu te regardes trop dans la glace, le diable viendra te prendre !

– Maman, proteste ma mère, vous savez bien qu'il ne faut pas lui raconter des choses comme ça !

– Et pourquoi pas ? Ce n'est pas vrai peut-être que la coquetterie c'est l'œuvre du diable ? Ose dire le contraire, ma fille !

Le dialogue se poursuit au-dessus de ma tête, mais je n'écoute plus. Mon esprit a buté sur un mystère : pourquoi maman appelle-t-elle grand-mère « maman » puisque ce n'est pas sa maman ? Pourquoi grand-mère lui dit-elle « ma fille » puisque... Mais une guêpe s'est posée sur la toile cirée. Fascinée, je la regarde. J'avance la main... Un grondement me fige :

– Tu veux la laisser tranquille, cette bête, oui ? ! Une guêpe, c'est tout ce que tu as trouvé ? Tu veux te faire piquer ? Tu es folle ! Cette petite est folle !...

Maison glaciale en hiver, quand on rôtit devant la cuisinière bourrée de « boulets » qui dégringolent dans le foyer à grand fracas tandis que, sur la vitre, le givre dessine une féerie de pastilles blanches que je râcle de l'ongle pour les porter à ma bouche. Les chambres ne sont pas chauffées, bien entendu, et il faut faire vite pour se glisser sous l'édredon et serrer dans ses bras la bouillote !

Maison vétuste et mal commode où mon enfance cogne ses coudes et ses genoux, où je peux observer à loisir les quatre adultes qui s'y heurtent en vase clos, où mon mutisme trouve son compte et mon imagination sa pitance. Maison mélancolique que l'automne dissout dans des pluies de fin du monde ; au jardin, grand-père râtisse les feuilles tombées, les assemble en gros tas auxquels il met le feu ; la fumée, rabattue, pique la gorge, brûle les yeux. On pleure, on ne sait plus pourquoi, ça sent le pain brûlé et l'été qui se meurt. Grand-père m'emmène aux escargots qui luisent dans les talus de bords de routes. Je refuse de les ramasser parce qu'ils « pèguent ». Lui, ne fait pas tant d'histoires et met sa récolte dans un panier à salade bien fermé. Je les regarde s'agglutiner les uns aux autres, vaguement écœurée ; je cherche des yeux le plus beau et je lui rends la liberté – à lui seul, sinon ça se verrait et je serais punie : il y a un martinet pendu à un clou, dans la cuisine !

Devant la maison, deux platanes difformes exhibaient leurs excroissances et leurs moignons, sans cesse refeuillés, sans cesse dénudés par les élagueurs ; une seule branche échappait à leur vigilance : celle à laquelle pendait la balançoire qui me donnait des ailes et m'emmenait, jupe tournoyante, mains crispées sur les cordes, regard brillant d'effroi, jusqu'à toucher du bout de ma sandale une feuille épargnée, jusqu'à rêver de devenir oiseau. Plus loin, commençait le jardin, un jardin que personne n'avait le goût d'entretenir et dont quelques haies de fusains, des taillis de buis et de gros buissons de ronces me faisaient d'idéales retraites. En contrebas, coulait le ruisseau : son eau pauvre, qui se gonflait au moindre orage, arrachait à la rive des guirlandes de cresson, festonnées d'écume, visqueuses sous les doigts. Quand j'avais la chance d'accompagner grand-père au bord de l'eau, je les arrachais, je les caressais longuement, attirée, dégoûtée tout à la fois par leur glissant contact. Grand-mère me rappelait fréquemment que, dans la rivière, vivait la mère Loursine, sorte de sorcière des eaux qui guettait les enfants et les entraînait par les cheveux dans son royaume. Très naïve et peu téméraire, je n'approchais guère du ruisseau toute seule...

Pourtant, au-delà du petit pont qui l'enjambait, c'était la grille, la route, la liberté. La liberté ne m'attirait pas, mais la grille me fascinait. Les jours de grand courage, après m'être assurée qu'aucune mère Loursine ne sortait de l'eau ses doigts crochus prêts à aggriper ma chevelure, je franchissais le pont en courant et m'approchais du portail. Le visage glissé entre deux barreaux, passionnément, je regardais. Pendant des heures, je regardais... Quoi ? Les enfants voisins qui, de l'autre côté de la route, en bande tapageuse, jouaient. Leurs cris, leurs rires, leurs pleurs aussi venaient jusqu'à moi, preuves que la vie pouvait être autre chose qu'une mélancolique contemplation.

Comme nous habitions à presque deux kilomètres du village, je n'ai jamais connu l'école maternelle et, ma rentrée des classes, je l'ai faite pour la première fois à l'âge de six ans et demi. Jusque-là, ma vie s'est limitée au jardin replié sur la vieille maison, aux incursions chez les commerçants avec maman, aux promenades avec grand-père. Après le repas de midi, son café bu, il me dit parfois : « Tu viens faire un petit tour ? » Il enfile son veston, glisse dans sa poche son porte-monnaie et coiffe son chapeau. Moi, je mets une veste, un chapeau de paille dès les premières chaleurs, et je lui tends la main. Grand-mère dit invariablement : « Et surveille bien la petite, eh, Marcel ?

Et ne la laisse pas te lâcher la main, qu'un accident est vite arrivé... Et ne rentre pas trop tard, qu'on se ferait du souci... » Il a pour habitude de ne pas répondre.

Déjà nous voilà dehors. Le pont franchi, c'est le portail, la route accueillante pour nos deux silhouettes complices qui marchent du même pas et se taisent du même silence. C'est un taciturne, grand-père, pas un raconteur d'histoires, pas un faiseur de discours, pas un donneur de leçons. Oh, il parlera, tout à l'heure. Quand il aura mis entre la maison et nous suffisamment de ses grands pas et des petits miens. Il dira des choses mesurées et sans importance, de petites phrases anodines sur ceci ou cela, me montrera du doigt quelque chose et accompagnera son geste d'un mot ou deux. Il prononcera peut-être, à propos de grand-mère, une sentence catégorique et amère, froncera son grand nez et lâchera ma main pour frotter tout à son aise les deux siennes. Avec un clin d'œil, il dira « on est bien », poussera un soupir, sortira sa blague à tabac, pour s'« en rouler une »...

Ce n'est pas un homme des bois, grand-père, un coureur de collines, un rôdeur de pleins champs, un détrousseur de garrigue... Pas du tout ! C'est un marcheur de ville, qui aime l'honnête macadam, les trottoirs irisés de pisses de chien, les rues animées, les réverbères qui prennent vie dès quatre heures du soir en hiver, les vitrines des beaux magasins. Tous les trois ou quatre jours, il pince crânement son feutre, attrape son pardessus et part « faire un tour en ville ». Le reste du temps, faute de mieux, c'est avec moi qu'il se promène. Promenade rituelle dont la monotonie nous satisfait pareillement, car nous sommes des fidèles qui trouvent joie à remettre leurs pas dans ceux de la veille et à qui les choses immuables donnent racine.

Nous prenons la route de La Treille, laissons derrière nous les commerces endormis dans le plein de l'après-midi et tournons à gauche dans le chemin de Pluvence, blanc de grande lumière. Bientôt nous arrivons au lieu-dit La Turbine, car une grosse turbine, installée par l'EDF, brasse en masse grondante les eaux du ruisseau qui dégringole de plusieurs mètres et se calme, enfin, ayant échappé au monstre. De loin, déjà, j'ai peur de cette machinerie dont le fracas me rend muette et m'assèche la gorge et je me crispe sur la main de grand-père qui répète : « Mais c'est de l'eau... C'est seulement le bruit de l'eau, tu sais bien... » Je sais, mais j'ai peur quand même de ce bruit de tonnerre, de ces grondements de bête captive, de ces soubresauts d'écume affolée, de toutes les mères Loursine qui doivent mijoter là-dedans et essaient de s'échapper, peut-être !

Notre promenade se poursuit entre de hauts murs de pierre sèche, roussis de soleil et tessonnés de verre, qui ne laissent voir des propriétés qu'ils ceinturent que quelques bouquets de pins. La route monte, atteint le sommet d'une petite butte, hésite un bref instant, indécise, entre les deux versants, puis bascule dans un vallon humide et tôt crépusculaire. Je frissonne, de froid, d'anxiété surtout, car, dans quelques instants, « il » va apparaître... Qui, de nous deux, « le » verra le premier ? Grand-père, parce qu'il est le plus grand ? Moi, parce que je m'efforce de marcher un tout petit peu en avant de lui ? Moi, peut-être ?...« Ca y est, pépé ! Je l'ai vu ! » Mon doigt levé désigne l'arche du viaduc qui, d'un pas de pierre rose, enjambe le petit val ourlé de fraîcheur. Plus nous approchons, plus les arches grandissent ; la route, minuscule, se glisse sous la plus haute : nous voilà tout petits à ses pieds. Et puis, nous le laissons derrière nous, impuissant, cloué aux flancs de la colline. Je me retourne pour le contempler une dernière fois : aujourd'hui, encore, nous l'avons vaincu.

La fin de la randonnée est paisible ; aux Quatre-Saisons, notre route croise un petit café à la terrasse ombreuse ; grand-père commande un bock, qu'il boit en fumant une cigarette, et une grenadine qui me farde les lèvres. Et puis, nous rentrons, cheminant parallèlement aux rails du tramway pendant quelques centaines de mètres, les laissant disparaître vers Les Camoins pour prendre la route de La Germaine. Elle nous dépose, silencieux, devant le portail gardien du jardin fantasque et de la vieille maison enclose sur les secrets de la vie familiale, les relents de discorde, les miasmes de solitude et le ronronnement du chat.

Cependant, un premier octobre, les cheveux nattés en masse serpentine sur les oreilles, les chaussettes – tricotées à la main et rèches à la peau – bien tirées au-dessus des bottillons de cuir, la robe neuve protégée par le tablier réglementaire et le cartable aux épaules, j'ai pris avec maman, comme les autres, enfin, le chemin de l'école. Petite foule processionnaire, nous sommes montés vers le village, nous, les gosses éparpillés dans les maisons de fonds de campagne. Petite foule que les pluies d'automne encapuchonneraient de caoutchouc, nous allions parcourir, quatre fois par jour, nos deux kilomètres de pauvre route rafistolée autour de ses nids de poule, avant d'atteindre la ruelle tournicotante et pavée de guingois qui conduisait à l'école communale.

L'école ! Quel monde merveilleux s'est ouvert à moi ! Trente ans plus tard, je revois la cour, toute blanche de soleil, où se dresse le bâtiment neuf de l'école de filles. Quelques micocouliers, encore jeunes et gringalets, versent leur ombre palpitante sur le gravier. Au printemps, nous dévastons leurs branches pour récupérer les ailettes : fragiles comme des élytres de libellules, mais entraînées par la lourde tête qui contient la graine, elles tournoient gracieusement jusqu'au sol. Le fruit, que nous grignotons, a un goût oublié...

Les récréations sont prétexte à tous les jeux et je m'en donne une indigestion. Ce sont les premières amitiés, les terribles jalousies, les énormes désespoirs. Quand la cloche sonne, la horde de gamines s'aligne avant d'aller râper de ses sandales le seuil des classes. Et les heures s'épuisent, lentement, dans un bredouillis d'abécédaire et de table de multiplication. J'aime l'école, et j'aime indistinctement tout ce que l'on y fait. Devoirs ni leçons ne me pèsent, pas plus que le silence, pas plus que le cartable au dos. Et je déclare à qui veut l'entendre que « je serai maîtresse ».

CHAPITRE 3

Si la phrase n'a d'écho ni auprès de grand-père qui, occupé à de menues tâches ou parti en promenade, dit seulement « on verra bien », ni auprès de grand-mère dont la vie se sclérose autour des mailles d'un tricot sans cesse renouvelé et d'interminables réussites, ni auprès de papa tard rentré chaque soir, elle fait en revanche le bonheur de maman qui s'en est saisie. Ayant dû, malgré elle, quitter l'école à quatorze ans et refouler sa vocation d'institutrice, elle rêve de se réaliser dans sa fille : aussi m'encourage-t-elle vivement dans cette voie.

A dix ans, j'abandonne le tablier « Boussac », bleu bordé de rouge, pour la blouse beige : j'entre au lycée. Les transports scolaires n'existant pas, c'est toute seulette que je prends l'autobus récemment mis en service pour « aller en ville ». Les premiers matins, l'envie de faire pipi me met des fourmis dans les cuisses et l'angoisse des larmes aux yeux, tandis que j'attends devant les lourdes portes noires. Pourtant, peu à peu, les murs me paraissent moins gris, les hautes fenêtres se dépoussièrent, les soupiraux cessent d'être borgnes et je m'aperçois que la vigne vierge rougit joliment sur la façade des bâtiments enfin apprivoisés par ma timidité sauvageonne. La moitié des salles de classe donne sur la cour que le soleil chauffe à blanc tous les matins, imposant la présence de stores épais à l'abri desquels on somnole, on rôtit. L'autre moitié plonge de cinq étages dans la rue du Docteur Aquaviva ; elle est bruyante et fraîche et, à trois heures de l'après-midi, la pénombre y descend. Alors s'installe un clair-obscur de grotte ; ça sent la craie et l'éponge pourrissante ; on chuchote avec des fous rires et, sur son estrade, le professeur semble jouer quelque pantomime incongrue.

En ce début de sixième, très vite, je trie, parmi les enseignants offerts à ma curiosité. Je garderai toute ma vie, inaltérable, le souvenir de madame Campredon ; alors que les langues soi-disant vivantes ne se travaillent pas au magnétophone, mais seulement à grand renfort de listes de mots appris par cœur et régurgités tant bien que mal, elle sait faire de ses cours d'anglais de petits chefs d'œuvre de théâtre et de drôlerie. Madame Diana – quel joli nom ! – nous enseigne l'histoire, et son talent de conteuse est tel qu'en sortant de chez elle point n'est besoin d'ouvrir le rébarbatif « Mallet-Isaac » pour apprendre la leçon : on la sait déjà ! Quant à madame Buffarou, il me faudra peut-être devenir arrière-grand-mère et perdre la mémoire, pour oublier jamais sa désastreuse originalité : elle mâchait du pain d'épices à longueur d'année et à vastes coups de dentier, ouvrait toutes grandes les fenêtres en plein hiver et roulait des « rrr » formidables qui faisaient trembler les lampes au plafond. Malgré tout, elle enseignait les mathématiques de main de maître – et sous la menace de retentissantes taloches ! Est-ce le fait d'avoir été traitée de « tête à claques » dès notre première rencontre ? Je fis avec elle d'époustouflants progrès.

Mais les cours que je préférai aussitôt à tous les autres, les cours où je me sentis poisson aux fosses abyssales, oiseau sur la main du nuage, foetus au ventre maternel, les cours où je trouvai mon pas et ma mesure, furent ceux de français. Et, à la phrase « je serai maîtresse », se substitua très vite « je veux être professeur de lettres ».

Sept années passèrent, chacune laissant en prime la traditionnelle photo de classe : on y voit les socquettes faire place aux bas, les jupes allonger sur les mollets, les poitrines plates se gonfler, les « indéfrisables » se substituer aux queues de cheval ; bref, les fillettes devenir nymphettes, puis jeunes filles, sous l'œil vigilant du professeur en tailleur strict et talons aiguilles. Quand il m'arrive d'ouvrir la malle aux souvenirs, reléguée au grenier de mon inadvertance, j'y retrouve les photos jaunies et mes livres dépenaillés ; je feuillette en cachette les pages malmenées et déplie mes amies pour les dépoussiérer. Alors, le troupeau en blouses ternes lève vers moi ses trente visages crispés et je referme bien vite le couvercle pour ne pas m'attendrir.

Nantie de mon diplôme de bachelière et fidèle à mon projet, je me retrouvai un matin d'automne en Faculté de Lettres. Je m'amourachai d'Aix-en-Provence, appris une à une ses fontaines, découvris ses places secrètes et ses hôtels cachés, caressai ses vieilles pierres nouées de glycines... Je parcourus sans me lasser ses trottoirs et ses rues, m'assis à toutes les terrasses de ses cafés, arpentai le Cours Mirabeau, enfermai dans l'encadrement de mon regard tous ses platanes. J'aimai surtout le Parc Jourdan, proche de l'université, fis mien son cosmopolitisme, trouvai le chant de ses oiseaux aux matins jeunes, rencontrai le printemps dans ses parterres de tulipes et rêvai des heures durant sous ses saules pleureurs... Je glânai à la faculté une certaine érudition, m'y ennuyai beaucoup, en sortis cinq ans plus tard licence et maîtrise en poche, mais ayant deux fois échoué au CAPES – qui m'eût permis, après un an de formation pédagogique, d'exercer les fonctions de professeur. Alors, comme j'avais été jugée inapte et indigne, on me proposa un poste – de professeur, bien sûr ! – sans aucune formation... bien sûr ! Je devins maîtresse auxiliaire et gagnai mal ma vie, sillonnant la ville en vélosolex au gré des remplacements à effectuer.

Sans doute est-ce au cours de ces cinq années de vagabondage professoral que je fis vraiment connaissance avec ma ville natale. Marseille... Née à ses confins, dans une de ces banlieues à goût de village qu'elle a le pouvoir de susciter au détour de la moindre avenue platanière, n'ayant connu pendant mes premières années que les chemins de campagne qui filaient vers un horizon de collines sculptées à vif sur le bleu du ciel, que savais-je de Marseille ? Deux ou trois fois l'an, nous allions « en ville ». C'était une aventure qui commençait la veille par une toilette plus minutieuse que d'habitude, se poursuivait le matin même par la découverte des habits du dimanche – un peu trop grands, un peu trop raides – posés en évidence au pied du lit, et prenait vraiment corps à l'arrêt du tramway. L'arrêt, une petite guérite à courants d'air, sentant fort la pisse de chat et nantie d'un banc de fer grumeleux de rouille et froid aux cuisses nues. On s'y asseyait pour attendre la tumultueuse machine qui cliquetait de toutes ses ferrailles et lançait des étincelles vindicatives.

Ce tramway, il me subjuguait car il était le messager d'un monde différent du mien et offrait à mon avidité des visages inconnus, des paysages neufs nés derrière la vitre où, de la main, j'effaçais la buée ; il me terrifiait pourtant, car je détestais ses longs miaulements métalliques, les soubresauts que m'imposaient ses arrêts brutaux et, surtout, le mal au cœur persistant qui s'emparait de moi au bout de dix minutes. Or, le voyage durait pas loin d'une heure, ce qui laissait à mon estomac le temps de se retourner maintes fois ! Nous cahotions d'abord à travers la campagne, puis le long de banlieues dont les noms me remplissaient d'étonnement – La Valentine, La Montre, La Pomme... – enfin entre des maisons hautes et sombres dont les façades garnies de corniches me semblaient d'un luxe déroutant.

« – C'est le boulevard Chave, on arrive... » disait maman. A peine avait-elle prononcé ces paroles qu'une bouche d'ombre s'ouvrait devant nous : un tunnel ! Nous nous y engouffrions à grand fracas de vitres entrechoquées et d'essieux malmenés. L'obscurité se trouait de fanaux tremblants, les murs suintaient une eau intermittente, c'était l'enfer... peut-être ? Le diable de l'armoire à glace allait-il surgir ? Peu rassurée, je scrutais les ténèbres. Et puis, brusquement, c'était la gare de l'Est, les lumières, des gens pressés qui couraient vers le départ d'un tramway, le terminus enfin : j'étais sauvée !

Le quartier de la gare de l'Est était un labyrinthe de ruelles tortueuses bordées d'étroites boutiques où la vente se faisait à l'étalage. Les appels fusaient – braillards et vulgaires – pour vanter toutes sortes de marchandises ; les poissons, les épices, les cafés, les viandes faisandées, les pyramides de fruits, les légumes les plus divers, les pâtisseries de toutes origines mêlaient leurs odeurs fortes pour le plus vif agrément de mes narines quêteuses ; la foule occupait le pavé, emprisonnant dans ses remous les véhicules qui klaxonnaient pour se frayer un passage ; on piétinait épluchures et papiers gras qu'emportait un ruisseau malodorant qui s'écoulait dans le caniveau. Tandis que maman faisait ses achats, je reniflais comme un chat, le nez à hauteur des étals, l'âme conquise... Puis nous quittions ces rues malpropres pour les beaux magasins de la rue de Rome ou de la rue Saint-Ferréol ; nous parcourions les rayons du Magasin Général, grimpions dans l'ascenseur des Dames de France, où nous achetions des culottes « Petit Bateau » festonnées de rose, des socquettes à losanges, du ruban pour les cheveux... Epuisées, les doigts sciés par les anses du filet, la plante des pieds douloureuse, nous faisions une halte chez Audibert, le glacier, avant d'aller chercher papa à l'agence de voyages de la rue Grignan, où il travaillait. C'était à nouveau la gare de l'Est, le terrible tunnel, le retour dans la nuit tôt venue qui dessinait derrière les vitres des alternances de lumière et de noirceur.

Nous revenions tous les trois par la petite route. Nos pas découpaient le silence que troublaient seulement un appel de grenouille, le froissement de soie d'un oiseau nocturne, le murmure à bouche close du vent dans les grands cèdres. Le lendemain, les jours suivants, je ne parlais que de la ville. Et puis, je l'oubliais.

L'entrée en sixième m'avait fait découvrir le quartier du lycée, qu'on appelait « Les Quatre Chemins » ou « Les Cinq Avenues » ; en fait, je serais presque tentée de dire qu'il y en avait six ! D'abord réduites à un strict va et vient entre l'arrêt du trolleybus et la grille de l'école, mes pérégrinations avaient en sept ans pris davantage d'ampleur ; mais c'est quand je devins professeur auxiliaire et achetai ma liberté au prix d'un vélosolex que naquit en moi une curiosité amoureuse à l'égard de cette ville énorme qui savait se masquer de tant de visages insolites. J'avais vingt-deux ans quand je pris mes fonctions pour la première fois, avec ma mini-jupe, mon mètre cinquante-sept et mon visage de gosse. « Allez vous mettre en rang avec les autres ! » m'intima sévèrement la directrice... !

Ce collège de La Calade, où je troquais enfin ma livrée d'étudiante contre celle d'enseignante, était situé dans les quartiers Nord. Il était provisoirement installé dans les bâtiments d'un ancien couvent, l'établissement neuf n'étant pas encore sorti de terre. La bâtisse ne manquait pas de charme, avec ses deux volées de marches conduisant au perron, ses hautes fenêtres ouvertes sur la pinède, son vestibule losangé, ses plafonds moulurés ; mais n'ayant pas été prévue pour faire fonction d'école elle était tout ce qu'il y a de plus malcommode. D'abord, ses pièces communiquaient toutes entre elles, ce qui obligeait le professeur qui avait cours dans la dernière à traverser avec sa classe l'enfilade des six autres ! Ensuite, elles n'étaient pas chauffées et il avait fallu, dès novembre, y installer de vieux poêles ronds sortis tout droit du « Grand Meaulnes » et dont la principale caractéristique était de fumer abondamment. Bien sûr, on pouvait, pour aérer, ouvrir les fenêtres ! Initiative dangereuse sur cette colline où le mistral tordait à merci les arbres et se ruait furieusement sur la moindre croisée entrouverte ; elle claquait tant et si bien qu'elle ne tardait pas à dégringoler en vitre brisée : il s'agissait alors de savoir si l'on préférait l'asphyxie aux éclats de verre...

Mais ce premier poste, pour moi initiatique, ne manquait pas d'intérêt ; les cent cinquante élèves et la douzaine de professeurs sur lesquels veillait une directrice bon enfant formaient une petite famille ; on se retrouvait aux récréations dans le bureau directorial – seule salle de réunion existante – pour partager indistinctement les sièges hétéroclites, le café frais moulu par la secrétaire, les conseils des uns et des autres, le paquet de « petits beurre ». J'apprenais sur le tas, mes élèves me servant de cobayes, mes collègues de formateurs, la directrice de garde-fou. Je sus très vite que j'aimais ce métier. Mais je l'aimais comme un jeu attrayant et subtil dont les règles mouvantes permettaient que rien, jamais, ne fût acquis, que tout, sans cesse, se remît en cause. Je sus en même temps que jamais je ne me prendrais suffisamment au sérieux pour jouer mon rôle de professeur à la scène comme à la ville, tout uniment, que je m'en déferais par une pirouette dès que, me lorgnant du coin de l'œil, je me surprendrais sur le point de m'étiqueter, me conformer, me sacraliser.

Les mois passèrent, le nouveau collège ouvrit ses portes tandis que les branches nues des arbres de Judée se couvraient de fleurs crues à l'odeur trop prenante ; il était coloré, lumineux, fonctionnel, bien chauffé ; le vent ne hurlait pas en décrochant brutalement ses volets et en jetant bas ses fenêtres ; la fumée affolée ne tournait pas en rond sous les volutes du plafond ; la menthe sauvage et le romarin bleu tendre n'envahissaient pas sa cour ; personne ne traversait les salles de classe où chacun était quiètement enfermé dans son chez lui. Il était neuf, le nouveau collège, il n'avait pas d'âme, il n'était pas magique. D'ailleurs il n'avait pas de place pour moi et la rentrée des classes suivante me vit commencer ma vie de nomade, travaillant six mois dans un port de pêcheurs – dont les eaux, bien abritées dans une anse naturelle, secouaient mollement les grosses barques – trois mois dans un lycée huppé du centre ville, presque une année dans un quartier périphérique qui déroulait des avenues de grands ensembles, un mois au centre de télé-enseignement, ici, là-bas, ailleurs... Les suppléances se succédaient, ma vie changeait sans cesse de visages, mon vélosolex apprenait des itinéraires nouveaux qui me livraient de ma grande ville des coins secrets, des placettes sous les mûriers, des labyrinthes de béton, des impasses de villages, des cours d'école où l'asphalte éclatait en mordorures sous les averses brutales de la rentrée des classes.

Quand je fus lasse de travailler au rabais, de changer d'élèves tous les trois mois ou toutes les trois semaines, de pointer au chômage, de faire de l'anglais, de l'italien, de l'histoire, de la géographie, du latin, de la couture, de l'économie familiale, des travaux manuels, de la musique et – accessoirement – du français, moi qui rêvais grammaire, littérature et poésie ; quand je fus lasse de cette vie incertaine de suppléante, je préparai le CAPES par correspondance, le passai avec succès, eus droit, enfin, à une année de formation, me présentai aux épreuves pratiques et fus nommée professeur certifiée de Lettres Modernes dans l'Est de la France, à sept cents kilomètres de chez moi.

CHAPITRE 4

La Franche-Comté, c'était pour moi « La saison des loups » et « La guerre des boutons », quelques paysages vivement traversés sur la route de l'Allemagne, des vues de Besançon « fortifiée par Vauban ». Je m'y rendis en train dès la fin du mois d'août, attentive dès que je quittai Lyon, feuilletant du regard les Dombes et le Jura, figée d'attention lorsque l'après-midi se mit à languir sur les prairies aux ombres longues. Des chemins aux ornières jumelles les partageaient soudain à la corne d'un bois. Des vaches les peuplaient, paisibles et mafflues. Des rivières glissaient doucement dans la verdeur du soir. Les forêts, sans cesse renouvelées, couraient à la rencontre des rails et les villages n'avaient pas l'air vrais, serrés autour du clocher bulbeux dont les tuiles vernissées arrachaient un dernier éclat de lumière. Un gamin passait à vélo sur une route bossue qui jouait à cache-cache avec la voie ferrée avant d'être avalée par les premiers trottoirs d'une petite ville où le train s'arrêtait. La gare était simplette sous les roses trémières aux calices pâlis, des clématites jetaient du bleu à poignées sur le mur, des fushias balançaient dans les premiers gestes du vent leurs fleurs légères. Et le train repartait, longeait le Doubs aux méandres repus où se figeaient, le temps que je les cueille, une barque endormie attachée court à la rive, un pêcheur immémorial, une maison d'éclusier avec sa cour où s'ébrouaient des poules et pleurait un vieux chien. Et le beau soir d'été posait sur ces images de la vie dérobée sa caresse légère. Conquise, j'avais oublié que je ne faisais pas un voyage d'agrément et, l'âme vacancière, je souriais à tant de douceur offerte.

La gare de Montbéliard, où je descendis, n'avait rien de sordide, certes, mais rien d'attrayant non plus. C'était le but de mon voyage. Je cherchai un hôtel, une agence de location de véhicules et remis au lendemain l'exploration de la région. Naïve, optimiste à tout le moins, je pensais n'être venue en Franche-Comté que pour une année scolaire et ne doutais pas un instant qu'il me suffirait de faire une demande de mutation pour regagner mon midi natal. Fille du Sud, de la Méditerranée et du mistral, je n'imaginais pas que ma vie pût se dérouler ailleurs que dans mon pays de lumière fauve sur la roche éclatée, de pins fourbis à vif, déjetés, torturés aux tenailles du vent, ailleurs que sous le drap uniment bleu d'un ciel jamais lassé. Marseillaise de naissance et de cœur tôt donné, je n'imaginais pas que ma vie pût loger ailleurs que sous un toit de tuiles romaines, rondes sous la paume, grenues sous la peau, et qui dégradaient tous leurs tons de rose sous le regard et sous le vent. Baigneuse de toutes les saisons, je voulais pour mon corps la mer brisée en bouquet d'écume, l'îlot du torpilleur au large de Sugiton, la plagette de sable aux transparences aiguës de Riou la sauvage et le port de Morgiou aux teintes d'outremer. Parcoureuse infatigable des calanques qui vont de Marseille à Cassis, je voulais sous mes pas la poussière brûlante de leurs sentiers et glisser en courant dans les éboulis qui tombent du plateau de Castelviel et, pour mes mains, le calcaire vibrant au-dessus de la mer et l'odeur surchauffée des romarins que l'on écrase avant de respirer ses doigts... Fille des platanes, des pins, des oliviers, des cystes qui fleurissent en avril rose fragile, des térébinthes et du thym argenté, je ne concevais ma vie que lourde de grande lumière, fouettée de vent et d'arêtes vives, frottée de parfums de garrigue, roulée aux galets des criques.

J'ignorais qu'en posant les yeux sur cette terre Franc-Comtoise je perdais à jamais la Provence qui me collait aux mains et m'avait façonné l'âme. L'aurais-je su... l'aurais-je su, qu'aurais-je fait ?... On ne ré-écrit pas les lignes du cahier, quand la page est tournée !

Mais je l'ignorais et j'organisais dans ma tête mon année scolaire à venir à grand renfort de cartes d'abonnement de la SNCF, de week-ends marseillais et de fabuleuses vacances toutes habitées de mer et de soleil avant le mois de juin qui verrait mon retour définitif chez moi. J'aurais dans ma musette quelques belles images de ces pays de l'Est... Puis je les oublierais. Très vite.

Le collège où m'attendait mon statut de professeur titulaire n'était ni plus ni moins remarquable qu'un autre ; construit dans les années soixante-dix, il offrait au regard l'assemblage anonyme de cubes blanchâtres, déjà écaillés, déjà écornés, posés au bord d'un vaste espace de goudron. Les pelouses bien grasses, les parterres de fleurs et les sapins bleus en sentinelle sur le coteau rappelaient qu'en ce pays il pleuvait assez pour qu'il fût facile d'avoir, sans trop de peine, un décor verdoyant. L'établissement accueillait environ six cents élèves : enfants de la petite ville, sortis de jardins proprets ou descendus des hautes tours qui cernent de près le collège ; gamins des villages environnants, amenés le matin par un car de ramassage scolaire et qui regagnaient à la nuit la ferme familiale ou, plus souvent, la cité ouvrière, le lotissement banalisé, sorti de terre au fur et à mesure que se vendaient les prairies.

Le collège où m'attendait mon devenir comptait une quarantaine d'enseignants dont certains, originaires du Midi, étaient parfaitement au fait des problèmes de mutation à l'Education Nationale. Ils s'empressèrent de me déniaiser et il ne me fallut pas trois jours pour me convaincre que, célibataire et fraîche émoulue du centre de formation pédagogique, j'avais peu de chances de regagner le Sud avant quelque dix ou douze ans. Désespoir, révolte, découragement, défi, lassitude... je connus tout cela en ces premières semaines. Je rejoignis gaillardement le petit troupeau des méditerranéens exilés qui, chaque vendredi, passaient leur après-midi et leur soirée dans le train ; nous emportions des livres, des copies à corriger, des jeux de tarots... A force nous nous connaissions tous, nous retrouvions de semaine en semaine, échangions des nouvelles, des tuyaux ! Le convoi nous égrenait tout au long de la vallée du Rhône : tel descendait à Valence, telle autre en Avignon, la plupart à Marseille où certains prenaient encore une correspondance pour Aix ou Toulon... Le dimanche soir, le train de nuit nous revoyait gagner nos couchettes et, au bout de l'aube, tituber, ensommeillés, sur le quai de la gare de Montbéliard. Je connus cette errance organisée qui passe de quai de gare en salle d'attente, de haut-parleur en wagon assoupi, d'autobus attrapé au vol en chambre meublée solitaire. Je m'en accommodai comme je pus.

Je connus, les premiers mois, l'angoisse qui me jetait, le soir venu, dans les rues désertées, vite blafardes sous les néons des devantures. Les vents d'automne poussaient devant eux quelques papiers sales, des poignées de feuilles mortes, l'arrière-train galeux d'un chien qui me venait renifler les semelles. Comme lui, je reniflais, quêteuse de présence, d'un sourire inconnu. Je fuyais surtout la chambre impersonnelle que j'avais louée à quelques kilomètres du collège et dans laquelle je campais plus ou moins, obstinée et rebelle, refusant de nourrir mes racines à l'eau vigoureuse de ce pays comtois. Puis, quand la nuit posait sur mon cou sa grande main, je relevais le col de mon blouson et partais retrouver ma solitude neuve, à laquelle je blessais mes gencives peu habituées à mordre dans son fruit.

Pourtant, peu à peu, je sortais de mon trou mon museau renfrogné, incapable de résister à l'amitié offerte par mes collègues enseignants. Ah, que l'on ne me vienne pas dire que les Franc-Comtois sont gens de réserve et de froideur ! J'ai trouvé auprès d'eux porte ouverte, cœur ouvert. J'ai trouvé table mise à la fortune du pot, autour de la saucisse dodue qui bouillonnait dans sa grosse odeur de cumin, tandis que les vitres se couvraient de buée. J'ai trouvé soirées partagées jusqu'à plus soif quand on boit tisane après tisane, pour la chaleur du bol autour duquel on met les mains en conque, pour le parfum plein de verdeur qui monte aux narines, pour la saveur qui tourmente la langue et noue le gosier de plaisir.

Tout avait commencé en salle des professeurs :

– Dis, la Marseillaise, tu sais faire du vélo ou tu sais seulement nager dans le port de Marseille ? m'avait demandé Hervé, collègue d'anglais.

– Du vélo ? Ben ouais... j'en ai eu fait, à l'occasion.

– Donc, tu es capable de pédaler dans les côtes et de freiner dans les descentes ?

– Sans me casser la margoulette, pas de problème !

– Te casser la quoi ?

– La mar-gou-let-te.

– Hum... C'est quoi, cette chose ?

– La margoulette, c'est la binette, la figure, quoi !... Décidément, vous manquez drôlement de vocabulaire !

– T'as qu'à causer français, on comprendra !

Un cercle s'était formé, il y avait des rires, chacun disait la sienne à propos du langage, de l'accent des uns ou des autres.

– Tu sais que les gosses de sixième m'ont dit que, la nouvelle prof. de français, ils ne comprenaient rien à ce qu'elle racontait ! glissait traîtreusement Christiane.

– Eh ben ! Qu'est-ce que je devrais dire ! Quand ils lisent, ils mangent la moitié des mots, je suis obligée de leur faire répéter trois fois !

– Et... ils ne t'ont pas dit « M'dam' i'm'guêtt' ? »

– Attends voir, répète ! !

Les rires avaient fusé.

– Pour en revenir au vélo, reprenait Hervé, tu n'en as pas, je suppose ?

– Ben, non...

– Mais, si on t'en prêtait un, ça te dirait de venir te balader avec nous le mercredi ?

– Pourquoi pas, oui, bien sûr, mais...

– Y a pas de « mais », on te prête un vélo.

– Mais si vous en faites souvent, vous êtes sûrement

entraînés, tandis que moi !...

– Alors là, disait Kiki, te fais pas de souci, je suis la reine des lambines... Je prends mon temps... Tu peux demander aux autres : ils filent devant quand ça leur chante et puis ils m'attendent !...

Rendez-vous avait été pris pour le lendemain mercredi, à Taillecourt, devant chez Kiki : il y aurait un vélo pour moi, « un vieux clou à trois vitesses », mais si je voulais m'en contenter...

De mercredi en mercredi, je me suis jointe à eux. Une petite bande de vélocipédistes décontractés auxquels importaient peu la rutilance de leur machine et les performances accomplies. Ils aimaient les routes sauvages qui coupent en deux l'épaisseur des bois, sautent à vif les rivières, chevauchent des collines nues avant de plonger en lacets sur un village frontalier. Ils aimaient les fontaines jaseuses auprès desquelles on s'attarde après avoir bu à grands souffles et les bistrots figés dans la torpeur de l'après-midi et le ronflement du poêle, où l'on débarque pour boire un grog qui jette le feu aux joues. Ils aimaient les haltes de plein ciel quand, au sommet d'une rude montée, on s'accote fraternellement à sa machine pour attendre les retardataires, tandis que le vent colle à la peau la sueur qui se glace...

Je me mis, avec eux, à nourrir mon regard d'une Franche-Comté apprise hors des livres et volée aux heures d'un rude automne qui appuyait ses doigts tachés de tous les roux sur les paupières des forêts. C'était Hervé qui préparait nos périples, parce qu'il aimait d'amour les cartes de l'Institut Géographique National et savait comme nul autre bâtir ses rêves en leurs plis et replis. Il avait le secret des itinéraires tranquilles et, de plus, transportait dans sa sacoche le bric-à-brac du parfait dépanneur. Je devais souvent faire appel à ses services car la vieille bécane qui m'était échue était sujette à bien des maux... mais qu'importait ! Les routes montueuses déroulaient pour moi leurs villages reclus autour d'un vieux lavoir, leurs fermes accroupies à l'épaule d'un côteau et leurs métrages de prairies où pâturaient les vaches. Des vaches ! Des vaches un mercredi ! Des vaches en pleine année scolaire ! C'était, pour moi, le comble de l'insolite !

Il faut dire que si, à Marseille et dans les environs, les vaches ne couraient pas les rues, il s'en faut, elles m'avaient très tôt été familières grâce au médecin de famille qui, lorsque j'avais six ans, préconnisa pour la maigrichonne que j'étais un séjour à la montagne. L'été venu, j'y étais à la montagne ! Dans une ferme. Et pour deux mois. Là, des vaches, il y en avait, et des bouses fraîches dans lesquelles j'engluais mes sandales, et de lourds bidons où moussait un lait à senteur de fleurs coupées. Les vaches, il fallait aller les chercher aux prés à l'heure de la traite et les ramener, lourdes et luisantes, sous la menace du bâton. La nuit, on s'endormait dans le chant des clarines : c'était tout à la fois angoissant et rassurant. Chaque année m'ayant vue, fidèlement, revenir à la montagne, les vaches, du fond de l'enfance, étaient pour moi l'image même des vacances. Alors, les trouver là, au nez de mon guidon et presque entre deux heures de cours, c'était saupoudrer de vacances la routine du quotidien. C'était faire coïncider les images trouvées aux montagnes de mes six ans et les heures gagnées par mon métier d'adulte. C'était, surtout, permettre à mon enfance de rattraper enfin mon âme regardeuse. Ce pays, ce pays qui me rendait à moi-même et me donnait à caresser avec tendresse mes souvenirs, ce pays qui me réconciliait avec la petite fille secrète que j'avais été, ce pays m'aidait à me construire.

Octobre, puis novembre, ont moisi les ors des forêts ; nos mercredis sont ourlés de brouillards qui nous encapuchonnent ; intermittentes, les pluies brouillent les villages et nous glissent dans le cou, malgré la cape imperméable ; quand le vent les chasse, des ciels immenses accourent vers nous du fond de l'horizon, étincelants d'aveuglante lumière, couturés de bourrelets sombres, gercés d'un mauve délicat qui louvoie et s'effiloche... Un carré bleu, grand comme la main, se déplie doucement, se défroisse et s'étale, d'une tendresse insolente... Jamais ma Provence, généreuse de grands ciels d'un bleu sans faille, n'avait mis mon regard à pareille fête ! Ciels changeants et mouvants qu'une nuée efface d'un coup pour les reconstruire plus loin, différents.

Des arbres nus ruissellent au bord des routes, dans la désespérance humaine de leurs moignons lancés au vent ; le bruit du temps court à travers les poteaux électriques, au-dessus des champs dépouillés où pourrissent les maïs oubliés ; un tracteur va et vient et son ronronnement paisible met à jour des labours violets dans la fraîcheur poivrée du ventre de la terre. Dès quatre heures, le crépuscule rôdaille autour de nous, peigne d'ombre nos silhouettes qui s'amenuisent, soude au guidon nos doigts déjà gourds, nous pousse aux épaules vers la ville, vers la chaleur, vers la lampe miraculeuse qui tremblote derrière une vitre. Nous nous ébrouons, comme éveillés d'un songe. Nous célébrons ensemble le souper partagé, la parole retrouvée, la vie jaillie du verre d'alcool après ces heures à bouche close.

Le lendemain, je retrouvais le collège, mes classes devenues coutumières. Je savais, depuis longtemps, qu'il y a loin de la formation universitaire et des illusions que nourrit le débutant à la réalité de la vie en collège – qui exige, certes, des connaissances, mais aussi, mais surtout, tant d'autres capacités ! Imagination, dons divinatoires, curiosité, disponibilité, amour maternel, talent d'animateur de colonie de vacances, goût du jeu, humour, promptitude dans la répartie, vivacité de l'œil et acuité de l'oreille, force de l'organe vocal, goût de la mise en scène, à-propos, fantaisie, entre autres ! Et puis... et puis il faut savoir organiser une bibliothèque et réparer une serrure bloquée, décoincer un store, faire fonctionner un projecteur récalcitrant, monter une exposition, préparer un diaporama, animer un débat... Il faut surtout du temps, tellement de temps, déroulé, étiré aux limites du possible, quand une heure de cours n'a que cinquante-cinq minutes.

Le temps, il passait, si vite !... L'hiver avait glissé, enfloconné de neige devenue vite sale dans les rues mais que l'on retrouvait, intacte, sur la campagne, dans les pâtures du Haut-Doubs aux barrières à présent dérisoires, féerie fragile gelée aux branches des sapins, crissement délicieux des skis de fond dans l'air vibrant et la lumière immatérielle. Et le printemps avait suivi, fantasque et prometteur, reverdissant d'un coup les forêts hier encore encotonnées de brume, jetant aux soupirs du vent des pétales de fleurs. Nous avions repris nos errances et je m'étais acheté un vélo, un honnête petit « dix vitesses » à la belle couleur vert mousse, dont les ressources techniques, quoique modestes, épargnaient un peu mon souffle et mes jambes. J'attendais le mois de juin, ma mutation – peu probable, très peu probable, mais... on ne sait jamais... ! – le retour chez moi pour deux grands mois d'été.

CHAPITRE 5

Et le temps, le temps ardent de l'été provençal, avait passé, lui aussi, tout aussi vite, plus vite encore peut-être de se savoir précieux, de se savoir compté. J'en avais bu éperdument chaque seconde, rêvant d'étirer à l'infini le ruban prometteur des heures. J'avais traîné mon ombre amenuisée par la plate lumière dans tous les quartiers que j'aimais et usé mes baskets sur tous les sentiers des calanques, dans toutes les criques perdues. J'avais battu le rappel de mes amis d'escalade pour refaire avec eux, comme un chemin appris, les voies qu'ils m'avaient enseignées.

Nous grimpions le matin, quand on devine, au loin, la ville perdue, fragile, bleue de brume, la ville. La corde file, file... vers où ? vers quoi ? Le premier de cordée disparaît brusquement derrière une arête rocheuse, aigüe à contre-ciel... Un coup de vent malin frise la mer, si loin, si bas, et porte à mes narines l'odeur des romarins exaltée par le premier rayon de soleil. Obstinée la corde chemine, et la peur me noue les poings, brutale, imprévisible. Et puis, un appel gai, venu d'en haut, me rend la voix. J'ai sous mes doigts le rocher nu comme un visage. Et, peu à peu, la terre file, loin sous moi...

De relais en relais, nous montons vers le ciel, nous inventons la vie. Ce n'est pas la corde qui tire, mais la voix amicale et le sourire offert. Au sommet, dans les cris des mouettes qui tournoient, nous sommes les maîtres du monde, maîtres de la vague qui s'ennaufrage contre la falaise, maîtres des pins qui brûlent sous midi, maîtres du ciel tendu comme un dais somptueux.

Nous redescendons, sur une corde de rappel lancée comme un défi, puis dans les éboulis qui roulent sous nos pas, vers la plagette blanche, où nous arrachons, à la hâte, harnais, casques, chaussures, vêtements, pour nous jeter à l'eau, et laver de nos peaux poussière, angoisse, sueur, intimement mêlées, et puis nous affaler, vidés de toute force, sur les galets brûlants.

Le soir, bien à l'abri, nous faisons un feu clandestin, un feu pour cuire les aliments, un feu pour chasser les moustiques, un feu pour chanter dans les ombres qu'il dispute à la nuit. Et les étoiles de ce feu s'en vont rejoindre les étoiles. Loin de la plage murmurante qui clapote menu sa chanson de mer, sous les feuilles agitées de vent, nous étalons nos duvets et nous dormons dans le silence.

Août était largement entamé ; le temps avait faites plus longues les ombres sur les sentiers ; le temps avait pâli jusqu'à l'extrême usure le bleu intense des bleuets au bord des routes ; le temps s'était infléchi sur les corolles déployées des ombrelles grenues qui, déjà, blondissaient... Il me fallait prendre une décision. N'ayant pas obtenu ma mutation et sachant que ce ne serait pas chose possible avant plusieurs années, allais-je poursuivre mon itinérance ? Avais-je l'âme suffisamment nomade pour camper entre mon petit appartement marseillais et ma minable chambre meublée, pour me hâter de gare St Charles en gare Perrache, pour dormir mes nuits sur les dures banquettes des couchettes et traîner chaque week-end mon linge sale et ma nostalgie ? Avais-je envie de mener cette vie – comme le faisaient certains de mes collègues – pendant trois, cinq, dix ans peut-être et n'être plus d'ici et n'être pas d'ailleurs ?

Je pris en deux jours ma décision, résiliai le bail de mon appartement, trouvai à Montbéliard un petit logement, louai un « J9 » et déménageai. Le temps de la révolte était révolu. Tant d'autres, avant moi, avaient dû s'arracher au sol où plongeaient leurs racines, et dans des conditions combien plus dures ! Pourquoi pas moi, après tout ? C'était un défi comme un autre que d'empoigner à pleins bras ce coin de terre qui n'était pas le mien et d'y mener, proprement, mon travail d'être humain, d'y exercer ce métier appris année après année, d'y faire, de surcroît, pousser ma propre joie. Un défi qui me plaisait, même si je savais que demeurerait en moi la lourde nostalgie de ma Provence insolente où l'air torturé vibre dans le chant continu des cigales qui liment du cuivre. Demeurerait ma soif inapaisée de ruisselante lumière.

Je m'installai à Montbéliard et, comme pour me donner raison, la vie me fit cadeau d'un compagnon de route. Divorcé en quête d'une vie à rebâtir, il était franc-comtois et randonneur et mit à ma portée le massif des Vosges, que je connaissais mal. L'automne me découvrit un homme secret et charmeur et des montagnes douces aux croupes forestières. Mon vélo somnola à la cave tandis que, chaque dimanche, je suivais les sentiers de lacs en ballons ; j'aimais, au sortir des noires sapinières, déboucher brutalement dans les chaumes roussis par l'été ; j'aimais les pentes toutes roses de bruyères qui glissaient doucement vers un ruisseau caché ; j'aimais les fermes-auberges où l'on taille le lard fumé et le comté à même la planchette à découper toute meurtrie d'estafilades ; j'aimais surtout les retours silencieux dans le soir tardif qui jette une ultime lueur dérobée aux nuages et tire vers le bas les jambes épaissies de grosse fatigue. Le lundi, je retrouvais la quiétude des salles de classe, mes élèves devenus familiers comme chats.

Nous avions décidé d'acheter une maison ; une ferme, découverte au hasard d'une agence immobilière, nous tenta : pourquoi ne pas aller la visiter ? Elle était située dans un de ces villages où la Haute-Saône conflue avec le Doubs et le Territoire de Belfort et dont les habitants – mi-agriculteurs, mi-ouvriers – prennent au petit matin le car de ramassage pour les usines Peugeot. Munis de la clef et des indications du propriétaire, nous avons pris la direction d'Héricourt puis continué au-delà vers le village de Belverne, tout en lacets auxquels s'agrippaient église, lavoir, maisons. Plus loin, après un vallon d'ombre mousseuse que grisait un petit ruisseau, un brin de route tortueux grimpait d'un coup de rein à l'assaut de la colline, se coulait sous l'aisselle noire de la forêt, poussait du nez quelques prairies tordues par la pente et, dépassant la pancarte marquée « Lomont », se faufilait de ferme en ferme. La nôtre était la cinquième sur la droite et ne payait guère de mine avec ses volets démantelés et sa courette envahie de ronces.

L'intérieur ne valait guère mieux : la moisissure avait fleuri au long des murs restés longtemps dans l'ombre ; le plancher de la cuisine, à demi écroulé, laissait voir la terre battue ; la cage d'escalier, toute close de parois et peinte d'une exécrable couleur verte, conduisait à une chambre unique, immense, aux cloisons bosselées ; tous les plafonds sans exception étaient de plaques d'isorel sous lesquelles on pressentait, bien sûr, les poutres, mais après combien d'épaisseurs de plâtres et gravats divers ? De sanitaires, point, évidemment, mais une petite cahute en planches que l'on apercevait à travers l'unique fenêtre de la cuisine.

Désorientée par la somme des travaux à effectuer pour rendre la demeure habitable, je ne disais rien, mais mon mari avait entrepris la visite des dépendances et, devant la grange de belle pierre rose, les fenils à la haute poutraison, l'écurie sombre et odorante, il délirait d'enthousiasme. J'ouvris la porte de la grange: elle donnait sur ce qui avait dû, en son temps, être un verger. C'était pour lors une jungle d'orties féroces, plus hautes que moi, et dont les plus proches semblaient avoir la ferme intention de m'agresser. Leurs feuilles réversibles – patte de velours d'un côté, venin de l'autre – bougeaient dans le vent, me laissant deviner au-delà de leur rempart urticant quelques pruniers tordus, une murette effondrée.

Et, tandis que Jean, qui avait sorti de sa poche calepin et mètre pliant, rêvait tout haut murs redressés, sols carrelés, salle de bain et chauffage central, je voyais les orties fauchées faire place à une terrasse dallée, les arbres taillés donner fleurs et fruits, l'herbe reverdie se piquer de boutons d'or qu'un petit enfant essayait vainement d'attraper, dans le vent qui les pliait. Un petit enfant que je portais depuis quelques semaines et qui, déjà, me faisait le ventre lourd.

A cette époque-là et plusieurs mois durant, j'ai porté tout ensemble la maison à bâtir et l'enfant à venir et l'espoir, comme une cruche emplie de l'eau précieuse du puits. Je me suis faite amphore, pour toi, l'enfant du labyrinthe, le foetus bienheureux, le têtard inachevé qui bouge parmi les lentisques sur les eaux de l'étang. Toi, l'aveugle enfançon aux yeux clos et aux mains déliées dans leur incohérence. Et moi, j'ai appris à t'attendre. J'ai appris l'attente à l'école de ton inachèvement, moi, l'impatiente piaffante, qui ne savais que précipiter le cours du temps. J'ai appris à t'attendre dans le silence, jour à jour, au rendez-vous de mon incertitude. Que serais-tu, toi qui trottinerais bientôt dans cette maison à l'âme profonde, nouée aux pierres de ses murs, aux lattes de ses planchers, à son vieux toit mal tuilé par des générations de paysans têtus et besogneux ? Et je t'imaginais tandis que, profitant du moindre après-midi et de mes mercredis et de tous mes week-ends, je décapais les portes, retrouvant sous les épaisseurs de peinture le sapin chaleureux, nourrissais les grosses poutres de chêne qui revoyaient enfin le jour, repeignais les volets, tapissais les chambres... Et je soutenais à deux mains mon ventre encombrant qui m'empêchait d'escalader les échelles comme je l'eusse souhaité. Jean venait tous les soirs travailler à la ferme, il y passait souvent ses nuits, dormant devant la cheminée qu'il avait assemblée pierre à pierre. Il coltinait sacs de ciment et bois d'œuvre et s'essayait semaine après semaine en des métiers divers qui lui usaient les paumes et lui mettaient l'âme en fête.

La maison renaissait, dépouillée de ses pauvres hardes de saleté et d'abandon, renaissait grâce à notre amour pour elle, à notre temps donné, aux échardes dans nos mains, à la sueur dont nous la nourrissions. Bien sûr, elle avait encore petite mine quand nous y avons emménagé mais, par tous ses pores, sourdait la vie.

Et les années ont passé, qui t'ont connue bébé dans cette chambre bleue dont la fenêtre, qui ouvrait sur le pré, a vu grimper vers elle une vigne vierge plantée pour ta naissance. Petite fille, tu as fait tes délices du verger offert à tes vagabondages: tu y installais, à grand renfort d'oripeaux, des cabanes de romanichelle. Tu as eu pour toi mésanges, rouges-gorges, chardonnerets pour qui nous avions construit perchoirs et mangeoires ; et un mirabelier enfant dans lequel tu faisais la cueillette ; et des fraises dont tu pouvais tout à loisir chercher les plus rutilantes pour satisfaire ta gourmandise. Tu as eu pour tes bouquets les pissenlits royalement épanouis et les saint-georges fragiles, qui les suivaient bien vite au temps d'avril et dansaient dans le vent. Et pour ta curiosité gloutonne, le village offert à tes grands yeux, avec son lavoir sous un toit de tôle, son unique boutique, son église aux peintures naïves, son école qui, un matin de septembre, t'a absorbée avec les autres gamins et gamines qui venaient d'avoir trois ans. Déjà, Marie fillette, tu me quittais un peu...

Moi, je me partageais, ma vie avait deux faces ; le collège absorbait le plus clair de mon temps, en de longues journées, tôt partie, tard rentrée ; je revenais au crépuscule qui sortait des grands bois que traversait ma route. Mon autre vie m'attendait dans la maison aux volets déjà clos où tu jouais tes rêves. Nous partions, avec notre bidon, chercher à la ferme voisine le lait crémeux ; le soir paisible s'étirait, besogneux de mille tâches abandonnées pendant le jour. L'été, c'est au verger que je te retrouvais à la sortie des classes ; tu y vivais tes pâtés de sable, les drames de tes poupées, tes voyages immobiles ; nous y avions un hérisson familier qui venait boire du lait et dormait au creux de mon bras. Nos mercredis et nos dimanches étaient somptueux de liberté, voués à la vie villageoise, aux travaux du jardin, à ceux de la maison – jamais achevés, toujours à parfaire...

Il m'arrivait de vivre mal cette dualité entre collège et maison, entre ville et campagne liées par trois-quarts d'heure de route vite avalée. Il m'arrivait d'avoir des impatiences à me sentir toujours bizarrement coupée en deux en plein cœur de moi-même. Malgré tout, les années passaient, j'enseignais indifféremment dans toutes les classes, je secouais les inerties dont me menaçait la routine et pacifiais mes coups de colère.

Cette année-là, rien ne m'avait préparée à affronter une classe qui existait dans mon collège mais dans laquelle je n'avais même jamais risqué un œil : la Classe Pré-Professionnelle de Niveau, plus couramment appelée quatrième CPPN.

CHAPITRE 6

Quand vous étiez élève... ah, quand vous étiez élève, la quatrième C.P.P.N. n'existait pas. Pendant des décennies, l'Education Nationale a évolué très peu, très lentement ; et puis, ça s'est précipité. Le Certificat d'Etudes – longtemps référence de base tandis que Brevet et Baccalauréat conservaient un caractère de quasi inaccessibilité – est vite tombé en désuétude. Le BEPC avait pris sa place, le BAC était devenu omniprésent. Quand vous ou vos parents étiez élèves, peut-être le Certificat d'Etudes avait-il encore quelque valeur ? J'ai connu, dans l'école de mon enfance, une classe de fin d'études où l'on préparait le certificat avant d'entrer en apprentissage ; parallèlement, les élèves issus du Cours Moyen allaient au collège d'Enseignement Général, qui dispensait un enseignement court, ou au Lycée, dans la prespective de se présenter au Baccalauréat.

Au cours des années soixante, soixante-dix, les choses ont changé : le collège est né, accueillant tous les enfants venus de l'école communale, mais dans des filières bien différenciées selon la scolarité qu'ils avaient effectuée et le niveau qui était le leur. Filières dangereuses, qui cataloguaient l'élève dès son entrée en sixième et lui collaient à la peau une étiquette, sans grand espoir de l'arracher si elle était infâmante. En section I, on avait le droit d'espérer accéder au Lycée après la classe de troisième. En section II, on le pouvait déjà moins, on envisageait plutôt de préparer un brevet professionnel. En section III... en section III, il faut avouer qu'on avait peu de chances de faire de fastueux projets d'avenir. Il y avait d'abord la sixième et la cinquième dites de transition, au bout desquelles les meilleurs entraient au collège technique et essayaient d'obtenir en trois ans un CAP. Les autres, trop jeunes pour être embauchés comme apprentis, continuaient en quatrième et troisième « pratiques ».

Pratiques, pas si pratiques que ça, ces classes où se retrouvent des adolescents de quinze à dix-huit ans, où les effectifs sont toujours trop élevés, où il n'y a pas deux élèves au même niveau mais où tous sont en difficultés, en perdition, en dégoût, en lassitude vis-à-vis de l'école et contraints d'y aller, pourtant. Classes pratiques mal pratiquables, classes décourageantes pour enseignés et enseignants.

Enfin, les filières sont abolies, « transitions » et « pratiques » meurent à petit feu. Est-ce à dire qu'après le Cours Moyen tous les élèves entreront en sixième quels que soient leur niveau, leur retard, leurs difficultés ? Presque, pas tout à fait pourtant...

Il y a celui qui, après avoir fait deux « cours préparatoire », deux « cours élémentaire deuxième année », deux « cours moyen deuxième année », ne sait toujours pas lire couramment, ou presque pas compter, ne parvient pas à mémoriser un texte simple, n'écrit que très difficilement. Il a quatorze ans, parfois quinze. Comment le garder encore à l'école communale, au milieu d'enfants nettement plus jeunes que lui, qui lui font sentir – et parfois cruellement – sa situation d'échec, son incapacité à se mouvoir à l'aise, son inexistence au sein de la société réduite qu'est la classe ? Comment, pourquoi, en est-il arrivé là ? Je ne tiens pas propos de psychologue. Je ne sais pas répondre. Je sais seulement qu'il y a des enfants, que tous sont différents.

Il y a le gosse qui arrive en France à neuf ans, dix ans, et doit, très vite, apprendre une langue qui lui est étrangère et faire, dans cette langue, sa scolarité ; il aura beau mettre les bouchées doubles : il ne comblera pas ses lacunes et, à quatorze ans, sortira tout juste du cours moyen. Et celui qui, malade, hospitalisé, creuse d'année en année son retard et, sans cesse coupé des autres, de la classe, du monde des vivants, se décourage... Celui qui déménage trop souvent et ne peut nulle part vivre une année scolaire complète, et ne peut nulle part s'habituer vraiment à une école, à un maître, à une méthode, et passe son temps à s'acclimater... Celui dont les parents divorcent et qui refuse de s'écartcler, se ferme comme un coquillage violé, irrémédiablement. Celui qui a tant de frères et sœurs, tant de cris, de bruits, de pleurs, de radios, de télés dans la tête qu'il ne peut rien, mais rien, jamais rien y mettre d'autre. Celui qui a dans le cœur des angoisses qui le laissent à tout jamais petit enfant. Celui... Comment savoir ? Il y a des enfants.

Et puis encore ceux qui, entrés en sixième avec plusieurs années de retard, ne suivent pas le rythme des autres, de tous les autres, ne suivront pas en cinquième non plus. Ceux qui, ayant doublé la sixième, ou la cinquième, ou les deux, ne seront pas admis en Lycée

Professionnel et ne veulent pas tripler. Ces enfants-là – et ce ne sont déjà presque plus des enfants, mais des adolescents – vont en quatrième CPPN. Il y passeront un an, parfois deux. Qu'y feront-ils ?

La classe est dite Pré-Professionnelle : ils s'y prépareront donc à la vie professionnelle. D'une part, grâce à six heures d'atelier hebdomadaires : travail du bois ou du fer pour les garçons, enseignement ménager pour les filles, mais les garçons apprennent eux aussi la cuisine, les filles manient la scie et tous s'initient au dessin technique. D'autre part, une ou deux fois dans l'année, trois dans le meilleur des cas, ils partiront en stage chez un employeur.

Le stage, qui rompt avec le milieu scolaire, est bénéfique à tous, et pour plusieurs raisons. Il leur permet de découvrir ou de mieux connaître certaines professions qui les attirent ou les rebutent sans qu'ils sachent exactement pourquoi ; et tel, qui rêve de devenir boulanger, s'apercevra au bout de quelques jours qu'il n'est pas fait pour ce métier. Le stage les met en contact, pour la première fois, avec le monde du travail : rencontre décevante pour certains, enthousiasmante pour d'autres, profitable toujours. Il leur fournit l'occasion de prendre leur propre mesure en dehors de l'école qui cesse, enfin, d'être l'étalon-or ; l'occasion de se rendre compte qu'ils existent hors des devoirs, des leçons, des cahiers, du cours, qu'ils sont capables d'apprendre d'autres choses et de donner satisfaction, souvent. Enfin, ils découvrent qu'il est facile d'être écolier, avec des horaires raisonnables et des tâches légères à accomplir. Car le stage, pour eux, est dur, fatigant. Revenus dans la tiédeur de la classe, dans le cocon protecteur, ils sont heureux de l'expérience vécue mais heureux, aussi, de venir faire escale et reprendre des forces avant une nouvelle aventure professionnelle.

La classe est de niveau. Ou de niveaux. Niveaux aussi variés qu'il y a d'élèves. Elle se caractérise par son extrême hétérogénéité et il y a loin du gosse issu du cours moyen, tout empêtré des us et coutumes de l'école communale, au vieux briscard de cinquième qui passe au collège sa troisième année. Tout comme est grande la différence entre l'enfant trop lent, trop timide, replié sur lui-même, et dont le handicap est relationnel et la petite algérienne dégourdie mais dont les devoirs ne sont jamais faits ni apprises les leçons, et qui souffre seulement de sa situation de mère en second auprès d'une demi-douzaine de frères et sœurs.

Elèves en difficultés, élèves à vau-l'eau, élèves braqués contre le système éducatif, élèves dociles et apeurés, élèves tapageurs ou agressifs, tous sont en situation d'échec, tous attendent une orientation. Ils entreront peut-être au Lycée Professionnel, peut-être en apprentissage. S'ils trouvent un patron. Ils ont neuf mois pour combler leurs lacunes, améliorer leurs résultats, mûrir un peu et, surtout, se réconcilier avec l'école. Eternels perdants à la traîne de classes d'où ils se sont souvent sentis exclus, ils ont neuf mois pour apprendre à être un peu plus à l'aise dans leur carcasse et leur cervelle et pour prendre goût, peut-être, à l'étude. Redoutable gageure. Difficile gestation.

Comment, par quel miracle arriver à ce résultat ? Les moyens mis à la disposition des enseignants sont dérisoires et les enseignants eux-mêmes ne reçoivent aucune formation spécialisée. Comme toujours, il faut apprendre « sur le tas », en commettant des erreurs, en essayant une solution après l'autre, en se révoltant de n'être pas mieux armé. Aucun d'entre nous n'est psychologue, ni psychiatre pour enfants, et la bonne volonté ne suffit pas toujours.

Je me sentais donc tout à fait démunie, quand je consultai pour la première fois la liste des élèves de quatrième CPPN avec lesquels je savais que je devrais, coûte que coûte, bâtir une année scolaire.

Une liste, ce n'est pas grand chose... Pourtant, déjà, elle me révèle de quoi nourrir ma curiosité, mon inquiétude, mes espoirs, jusqu'à demain. Seize noms, dont certains de consonnance étrangère. Moitié filles, moitié garçons. Huit venus de l'école primaire, cinq de sixième, trois de cinquième. La liste me livre encore leurs âges, leur situation d'externes ou de demi-pensionnaires. C'est tout.

Pour en savoir davantage, il me faudrait consulter leur dossier scolaire. Mais la secrétaire doit être débordée : est-ce bien le jour ? Et puis, ne risquè-je pas de me faire sur eux des idées fausses ? A tout prendre, je préfère attendre demain, afin de les découvrir en chair et en os plutôt que par dossier interposé.

Ce premier matin de l'année est bien frisquet. Comme souvent à pareille époque en ces contrées de l'Est, un petit vent de fraîcheur est venu froisser les derniers jours du mois d'août et les a jetés en boule, vidés de chaleur et de grand soleil. On a beau s'accrocher aux robes légères et aux ti-shirts de coton, ce n'est déjà plus tout à fait ça, et les mollets nus se hérissent de chair de poule dans les sandales. L'été, malade, perd à poignées ses feuilles jaunies le long des routes et on enfile, en même temps que la panoplie du parfait professeur, le premier pull-over. Sans doute le beau temps reviendra-t-il après quelques jours de semonce, charrieurs de pluies et de brouillards, mais les soirées raccourcies, les aubes froides et ce fard indéfinissable qui, posé sur les jardins, les teinte de pastel, seront la marque de l'automne, plus prononcée de semaine en semaine.

Sans doute l'été Indien déferlera-t-il soudain, aux confins d'un mois d'octobre épanoui sous les tapis de pommes et les poires en espaliers, parfumé par les dernières roses fleuries aux terrasses. Sans doute de belles journées de chaleur feront-elles oublier la pérennité de la lumière, condamnée à tourner court pendant de longs mois. Mais, ce matin du six septembre, on sait bien que l'été agonise et que nul recours en grâce ne sera prononcé. Car c'est la rentrée des classes qui, d'une main sûre, le jette en pâture au passé.

La cour du collège bruit vaguement ; courses, rires, cris seront peut-être pour demain. Aujourd'hui le troupeau, déshabitué des levers matinaux, sommeille d'un pied sur l'autre, échange de mornes saluts, se recroqueville. Et la première sonnerie retentit : gong, glas, sirène de détresse, corne de brume qui déchire la mer de visages et éparpille les uns et les autres aux quatre coins des bâtiments.

Les voilà donc mes redoutables, mes inconnus, mes ignorés ! Les nouveaux, farauds d'être en quatrième – quelle promotion après le CM2 ! – regardent de tous leurs yeux les murs qui les accueillent ; les autres, blasés ou écœurés, traînent les pieds en gagnant leur place. Vu leur petit nombre, la salle de classe qui leur a été attribuée est de dimensions réduites. Située au deuxième étage, elle ouvre trois fenêtres sur l'arrière du collège, l'enchevêtrement des immeubles de la cité-dortoir voisine et la fuite des prairies jusqu'à la corne du bois, jusqu'aux collines prochaines, jusqu'au ciel ourlé de gris.

Ils se sont installés selon leur bon plaisir, les filles copinant déjà deux par deux, les garçons au hasard du côté opposé. Dans le silence revenu, je les regarde. Kaléidoscope de visages livrés à mes questions pour la première fois. Je les observe tandis qu'ils prennent possession de leur nouvel espace de vie, reniflant sans enthousiasme les relents de détergents dont « Monsieur Propre » ou quelque autre produit miracle a imprégné les murs pour deux mois de vacances ; reniflant la poussière de craie qui tombe autour du tableau dans le premier envol de la brosse de feutre ; reniflant, en chiens habitués, cette odeur même des salles de classe, faite de bois lavé à grandes torchonnées d'alcool, de matière plastique, d'encre d'imprimerie et de mine de plomb, faite aussi de vingt respirations, d'eau de toilette bon marché, de baskets neuves et de jeans plus ou moins crasseux.

C'est David que je remarque aussitôt ; il faut dire qu'au milieu des chevelures brunes ou châtain foncé sa tignasse est d'un blond si clair qu'il en paraît blanc, comme sont blancs les sourcils invisibles et les cils si pâles que le bleu des yeux, que rien n'atténue, en devient gênant. Une poignée d'éphélides piquète le visage, presque transparent. David a déjà vidé deux fois sur le bureau le contenu de son cartable neuf, fait tomber sa trousse à grand bruit, rebroussé à dix doigts dans tous les sens sa chevelure hirsute, ôté puis enfilé son blouson et, à l'instant, vient de choir de sa chaise. Comme les autres rient, contents de la diversion, il leur jette un regard peu amène, assorti d'un « Vos gueules ! » assez retentissant pour que je ne doute pas un instant que ma présence ne l'impressionne guère.

Je l'examine en silence. Il fait deux ou trois tours de girouette agacée et, fuyant mes yeux, tente de se disculper. Il a de grands gestes désordonnés tandis que, bégayant un peu, postillonnant, il m'explique que « Ces cons, c'est vrai quoi, comme s'ils étaient plus malins ! S'ils rient, je leur casse la gueule !... » Voilà qui promet... Pour distraire sa hargne, je lui montre comment préparer la page de garde de son classeur, un beau classeur tout lisse dont j'ignore encore – et c'est tant mieux ! – quelle pauvre chose déchirée, froissée, pliée, gribouillée, tachée, malmenée et oubliée partout il va devenir.

Parmi les filles, je retrouve Nathalie qui, en sixième et en cinquième, a passé le plus clair de son temps vautrée sur sa table, dormant d'un œil, rêvant de l'autre, s'ennuyant ferme et lorgnant sa montre. Interrogée, elle répondait invariablement « M'dame, j'ai pas appris ma leçon » et recueillait avec nonchalance zéros et heures de retenue. En deux ans, elle n'a pas dû prononcer plus de vingt paroles, et je sais peu de choses d'elle, hormis son amour pour les chevaux, découvert au hasard d'un devoir où elle était en veine de sincérité. Elle rêve de devenir palefrenière mais sa mère lui a fait remplir un dossier d'employée de bureau : vu ses piètres résultats, elle a été refusée. La voilà donc en quatrième CPPN, porteuse de quel découragement ? De quels espoirs secrets ?

A côté d'elle, Corinne, une boulotte au visage rieur. Je ne découvrirai pas aussitôt que ses cheveux, ramenés en frange sur le front et lissés le long des joues, poussent très clairsemés, laissant à nu une partie du crâne qui apparaît, rose et fragile, comme un œuf monstrueux.

Devant, Aline et Christelle. La première, maigrichonne et noiraude, toute en angles, toute en braise ; elle a le coude et le menton pointus, un front étroit, têtu, la poitrine presque plate mais l'œil raccoleur. Sa jupe, trop courte, serre la fesse de près. Pour l'heure, Aline bavarde à toute vitesse, en un chuchotement continu et pressé. Christelle l'écoute, moyennement attentive, reluquant ses ongles qui sont longs et peints d'un rouge éclatant. Ses lèvres aussi sont peintes, et ses yeux très fardés. Je me suis demandé, en la voyant entrer dans la classe, de quel magazine de mode elle sortait, avec son ensemble en cuir blanc – du cuir, oui, aucun doute là-dessus – et ses élégantes bottes blanches d'où la jambe émerge, point trop fine, mais bien bronzée, et tirant l'œil. Les cheveux, relevés haut sur la tête, sont noués en queue de cheval joliment impertinente. Quatorze ans, mais on lui en donnerait bien dix-huit au milieu de ses condisciples si gauches, si mal équarris.

Bien différent est le quatuor des petites étrangères arrivées tout droit de l'école primaire. Farida et Rachida sont algériennes, elles ont l'œil en coulisse, faussement effarouché, des visages mats, des chevelures passées au henné ; elles portent des ti-shirts criards et des jeans qui pochent aux genoux.

Samye et Fatmana sont turques. Pas une fois je ne leur verrai autre chose que ces larges jupes bariolées et informes, taillées dans des étoffes brillantes, qui leur battent les mollets. Avec ça, des chemisiers transparents, démodés, qui les serrent aux entournures et ne cachent pas grand chose de leurs dessous. Des bijoux, beaucoup de bijoux, qui pendent, s'entrechoquent, cliquètent, au cou, aux poignets, aux oreilles... Et des chaussures à hauts talons dans lesquelles elles trottinent et qui, clac, clac, clac, sonnent sur le carrelage. Elles ont de très longs cheveux sombres, ramenés par des peignes, noués, serrés, élastiqués, emprisonnés dans des fichus qu'elles osent enlever dans l'enceinte de la classe. Fatmana rougit de confusion dès qu'on lui adresse la parole, ne répond pas, baisse le menton et se tasse comme une petite vieille. Samye ne dit rien non plus mais, quand elle relève la tête, je découvre ses yeux magnifiques, fendus en amande sous l'arc des sourcils, d'un bleu foncé presque violet, qui surprennent comme une incongruité dans son visage brun.

Le clan des garçons est plus anonyme. Samir l'algérien, Nebocha le yougoslave, Mehmet, Yetrin, Békir, les turcs, arborent les mêmes cheveux noirs coupés court, les mêmes yeux très noirs, les mêmes pantalons de toile ou de velours. Ils affronteront l'hiver dans de petits blousons bien trop légers ou des vestes de drap mal boutonnées. Bavards, affables, familiers comme des chats, ils se racontent volontiers. Nebocha ne rêve que moteurs et camions ; il passe tous ses instants de liberté dans le garage où travaille son père. Le patron lui confie de menues tâches et il consacre l'argent qu'il gagne à la remise en état d'une vieille mobylette. Ses vêtements sont toujours maculés de tous les cambouis de rencontre, il a de la graisse plein les cheveux, des mains d'une propreté douteuse, des ongles effrayants.

Yetrin parle un français laborieux, cahotant, qui déforme les mots et malmène le rythme de la phrase. Comme il doit souvent se lever tôt pour aider son père qui vend des fruits et légumes sur les marchés, il est toujours en retard d'une demi-nuit de sommeil et somnole sur sa chaise, le coude bien calé contre le radiateur.

Békir est tout petit. Il a une amusante tête ronde aux oreilles décollées et se contente de rire lorsque les copains l'appellent Béquille. Son grand plaisir, c'est la calligraphie. Il tire un bout de langue appliqué et fignole des titres somptueux pendant des dix à quinze minutes tandis que les autres copient la leçon ; lui, la leçon, il s'en fiche ! « Madame, je copierai plus tard », dit-il en souriant largement. Copiera-t-il ? Peut-être ; peut-être pas. Mais, en tout cas, le titre sera soigné et il coloriera un beau dessin. D'ailleurs, même copiée, la leçon ne sera pas sue, parce que la mémoire rétive de Békir amalgame turc et français et qu'il répugne à se forcer : « Les mots, elles entrent pas dans ma tête... » C'est dit si gentiment, et les résultats scolaires lui importent si peu !

Par contre, ils importent à Mehmet, qui veut avoir de bonnes notes. Il refait chaque jour sa moyenne, surveille les résultats des autres, compare, évalue. Son cheval de bataille, ce sont les conjugaisons et il n'est jamais aussi heureux que quand il a quelques formes verbales à réciter !

Quant à Samir, roublard, rigolard, il mâche du chewing-gum, croque du tournesol, suce des bonbons, grignote des biscuits, obtempère de bonne grâce quand je lui fais cracher ce qu'il mange et se remet quelque chose sous la dent aussitôt après...

J'ai repéré Emmanuel presque aussi vite que David, dès la première heure. Parce qu'il est grand, mais aussi parce que son visage et ses mains sont grièvement brûlés. Tombé à trois ans dans une flaque de goudron fumant, il a passé sa petite enfance d'hôpital en hôpital ; soigné à Lyon chez les grands brûlés, il a gardé par plaques une peau rose, fragile, couturée de boursouflures violettes. Les joues sont marquées, ainsi que les mains aux articulations maladroites. Sans doute les jambes le sont-elles pareillement. Son regard est lent derrière des lunettes aux verres épais, mais il bavarde volontiers, trop volontiers, donne la réplique à David, interpelle les filles, choisit de s'asseoir à côté de l'une ou de l'autre, se fait rabrouer, prend un air de chien battu et boude un peu, puis recommence à parler, à l'un, à l'autre, assoiffé d'écoute et d'attention.

Enfin, assis tout seul, au dernier rang, les mains sur son classeur et son classeur encore fermé alors que tous s'affairent à libeller, étiqueter, intercaler, il y a Michel. Recroquevillé sur son silence, dans son pull-over tricoté à la maison, il n'a pas fait un geste. Je ne vois de lui que des cheveux bruns, raides, des sourcils touffus, un bout de nez, des pommettes marbrées de rouge. Il mord de deux dents sa lèvre inférieure, si fort qu'une goutte de sang s'est figée et, les yeux baissés, il attend.

CHAPITRE 7

Passent les semaines, rondes et pleines. Les jours se bousculent et l'étoffe du temps est si serrée qu'à peine a-t-on le loisir d'en voir filer la trame. Premières semaines, les plus longues, quand le corps conserve encore l'empreinte molle des vacances et que la lumière, chaque soir, n'en finit pas de mourir aux abords d'un crépuscule tardif.

Mais l'emploi du temps est là, qui talonne élèves et professeurs et leur fait vivre cette sarabande des heures toujours trop courtes que bouscule, inlassablement, la sonnerie des fins de cours.

Octobre est largement entamé. L'automne est comme un gros gâteau bourré de jours pressés dans lequel on croque des bouchées gourmandes. Parfois, la dent heurte un noyau, on tourne autour, on l'inventorie du bout de la langue, on le recrache. Et puis, parce que le gâteau est là, on mord dedans, on fait son miel de la moindre miette, on en tire tout le suc, on avale même le morceau scabreux. Et, quand on jette un coup d'œil par-dessus son épaule et qu'on regarde la route parcourue, jonchée de débris, on se dit : cinq semaines, déjà !

Cinq semaines au cours desquelles je me suis débattue heure après heure dans la toile d'araignée de mes difficultés. Je rentrais, chaque soir plus épuisée, plus découragée, plus révoltée aussi. Car enfin, j'avais fait des études de littérature française et anglaise, de grammaire structurale, de philologie, je possédais une licence de lettres modernes, une maîtrise de poésie et j'enseignais le B.A. BA à des gosses dont certains n'étaient même pas capables d'écrire correctement leur nom, dont la plupart étaient d'un niveau de cours moyen, dont le langage était laborieux et vulgaire, les coups de poing foudroyants...

Méprisés par les autres élèves, ignorés de la plupart des collègues enseignants, ils étaient en somme la lie du collège et moi, qui devais travailler avec eux, je me sentais humiliée, mon orgueil se cabrait dans cette situation qui m'était imposée et c'est avec ressentiment que je pénétrais dans leur classe, avec dégoût que j'y faisais cours. Et d'ailleurs, pouvait-on encore parler de cours ? C'était de la garderie, tout au plus !

Un soir pourtant, un soir de fin septembre où j'étais sortie de leur classe plus douloureuse que jamais, un soir tout changea. Que s'était-il passé ? Avais-je atteint le fond de la mare d'eau sale où s'embourbait ma mauvaise volonté ? La nausée qu'ils m'inspiraient m'avait-elle si férocement submergée que je ne pouvais guère aller plus loin ? Ou bien le soleil raccoleur qui versait sur la cour du collège des ruisseaux de blonde lumière m'avait-il lavée d'un coup de toute haine, de tout refus ? La révolte tomba de moi comme un vêtement chiffonné dont on émerge dans la nudité de l'amour. Je me rappelai brutalement une phrase lue dans un roman de Michel Del Castillo, des années plus tôt, et que ma mémoire me restituait, fidèle : « Existe-t-il un enseignement véritable qui ne soit pas fondé sur l'amour ? » Je me rappelai que j'avais toujours admiré et prétendu vouloir suivre l'Evangile du Christ et me dis – avec déjà l'ébauche d'un sourire vis à vis de moi-même – que si le Christ était « prof. » quelque part, ce serait vraisemblablement dans une quatrième CPPN ! ! !

A partir de là, une évidence s'imposait : il ne me restait qu'à les aimer, ces gosses, comme j'aimais ceux de mes autres classes, mes gamins de cinquième vifs et facétieux, mes « grands » de troisième au sérieux imperturbable et à l'humour léger. Ce n'était pas dans la révolte que je parviendrais à les atteindre, mes indociles, mes difficiles, mes ingrats, mais dans l'acceptation de leurs faiblesses. Eux, je ne pouvais guère espérer les changer, c'était donc à moi de le faire ! Les enfants, comme les animaux, sentent l'amour, la peur, la haine qu'on développe à leur égard. Ceux-là reconnaîtraient vite que je les acceptais enfin. Ça ne changerait pas le fond du problème ; ça bouleverserait nos relations peut-être...

Ça les avait bouleversées et cinq semaines avaient passé.

Eh oui, cinq semaines... Que contient ma besace ? Nous avons progressé sur le chemin de la connaissance mutuelle. Ils sont au fait de mes exigences, mes habitudes, mes manies. Ils savent qu'une explication fournie spontanément au début du cours excusera toujours le devoir pas fait, la leçon pas apprise, mais que j'ai horreur des tentatives de fraude. Que la boutade lancée à voix haute et dont tout le monde profite sera la bienvenue, mais que j'exerce une répression impitoyable à l'égard des bavardages disséminés dans l'espace et dans le temps et d'où tout un chacun est exclu, hormis les intéressés. Qu'aucune leçon n'est jamais longue ni difficile et que je l'explique autant qu'il le faut, mais qu'une fois comprise par tous elle doit être apprise. Par tous. Qu'un travail écrit peut se trouver bourré d'erreurs, de confusions, de fautes de toutes sortes, mais que rien jamais ne justifiera sa présentation laideronne. Qu'on a le droit – et le devoir – de tout dire, et qu'importent les mots utilisés si l'on va au bout de sa pensée pour la confronter à celle des autres, mais que nul ne peut dénier à personne ce même droit. Que le verbe « réciter » est à proscrire, car on ne récite pas : on dit, on parle, on joue, on vit un texte, avec sa voix, ses yeux, ses mains, son corps tout entier, son cœur surtout. Et que peut me chaut un certain brouhaha s'il annonce l'échange, la complicité.

De tout cela ils ont pris conscience au cours des six heures hebdomadaires que nous partageons peu ou prou, et plutôt peu que prou selon leur capacité d'attention, le jour de la semaine, le moment, surtout ! Ah, comme elles sont ardues, les heures de l'après-midi... Après une matinée de cours et un repas avalé trop vite, ils sommeillent d'abord, pris aux rets de l'engourdissement, enclins à l'immobilité, dans la grande clarté qui monte du fond du ciel et balaie les vitres d'un bleu glacé. Mais il suffit qu'un coup de vent jette trois feuilles rousses à l'assaut des fenêtres, qu'un oiseau chante, qu'un rire fuse, pour que leur tombent des épaules la somnolence et l'ennui. Ils s'ébrouent, agitent les jambes, piaffent trop bas, dans la table ou la chaise du voisin. La riposte part, toujours coléreuse, l'agressivité monte en vagues vives, les paroles claquent, un rien de plus ils en viendraient aux coups. Ils s'apaisent à la voix qui les calme ; le silence se dépose, impalpable, puis l'agacement, la révolte déferlent à nouveau...

Dans ce ressac de sentiments troubles, ils travaillent par à-coups, l'esprit ailleurs, l'œil soudain aux aguets ; mais la main qui écrit s'absente de la page et la voix oublie la phrase à relire.

Enfin, la sonnerie de fin de journée les libère. David hurle, bouscule Emmanuel pour sortir plus vite, lance un cartable à terre, fonce dans le couloir. Aline, Corinne, Christelle ont jeté pêle-mêle leurs cahiers dans un sac de sport ou une sacoche en tissu, les voilà déjà à la porte. Les autres quittent leur place plus lentement, les garçons ont des tas de choses à se dire, parlent moteurs, vélos, mobylettes, se donnent rendez-vous dans les caves des immeubles où ils vaquent, tous, plus ou moins. Nathalie attend pour l'emporter que j'aie rempli le cahier de textes de la classe. Samye et Fatmana n'en finissent pas de papoter en enfilant leur veste, en arrangeant leurs cheveux, en pouffant de rire derrière leur main. Michel sortira sans que je le voie, furtif comme une ombre.

Moi, je sais d'eux ce qu'ils me livrent, qui n'est parfois que l'apparence d'une vie confuse, complexe, qu'ils ignorent, la leur. Je les découvre au hasard des confidences qui leur échappent et dont ils n'ont pas conscience que ce sont des confidences. Ils parlent, voilà tout.

Békir m'a raconté son arrivée en France ; il avait dix ans, il a appris à lire et à écrire avec des enfants qui en avaient six. « Les petites gosses, ils se moquaient de moi » dit-il en haussant les épaules. Il le dit avec le sourire. Un peu plus tard, il ajoutera que ses petits frères ont de la chance eux, parce que « Le français, ils l'ont appris avec la maîtresse de la maternelle ». Nébocha renchérit :

– De toute façon, les petits, ils ont toujours de la chance, moi, mon petit frère, c'est un veinard.

– Pourquoi un veinard ?

– Parce que la maman elle l'aime mieux. Les mamans, elles aiment toujours mieux les petits. Elles les prennent dans les bras, elles leur parlent gentiment, elles les protègent. Et quand y a des disputes, les grands ils ont toujours tort.

– Ça, c'est vrai !

Ils sont unanimes : le dernier né a de la chance, être l'aîné, ce n'est pas drôle...

– Surtout quand on est une fille, ajoute Nathalie.

Elle n'en dira pas plus. A quoi bon ? Je sais que sa maman s'est remariée et qu'une petite sœur est née.

Emmanuel m'a dit l'accident. Les voisins goudronnaient leur cour, personne n'était là pour le surveiller ou peut-être s'est-il échappé... Il garde surtout le souvenir des innombrables chambres d'hôpital, interchangeables dans sa mémoire.

– Ce qui était pas marrant, dit-il, c'est que je pouvais rien prendre avec mes mains. Mes parents, les gens qui venaient me voir, ils m'apportaient des jouets, mais je pouvais pas les prendre, je m'ennuyais... Le chirurgien a dit que mes cicatrices se verraient moins à mesure, mais il faut du temps. Moi, je suis habitué. C'est les autres.

C'est vrai que ses camarades acceptent mal sa différence. Les filles surtout qui, instinctivement, le repoussent, pas vraiment conscientes de la répulsion qu'il leur inspire et gênées, pourtant, hargneuses souvent. Elles le fuient d'autant plus vivement qu'il les serre de près, les taquine avec maladresse. Les rebuffades ne le découragent pas : rejeté par l'une, il essaie auprès d'une autre de cueillir un sourire, un encouragement.

On parle d'arbres fruitiers. Pommier, cerisier, bananier et les autres ont au moins en commun de se terminer par « ier ». On établit des listes, quelqu'un fait remarquer que « pêcher, lui, il a pas le i ».

– Et « noyer », comment l'écrivez-vous ?

Ils réfléchissent. Ou font semblant. Mon noyer n'a pas l'air de les intéresser beaucoup. Si, pourtant, David lève le doigt. Je profite de cette preuve – plutôt rare – de docilité : d'ordinaire, il répond sans attendre qu'on l'interroge.

– Alors, David, noyer, tu l'écris comment ?

– Moi, ma maman, elle faisait plein de confitures !

Rires, huées...

La leçon d'orthographe se poursuit. David ne bondira pas, poings serrés, pour défendre son droit d'évoquer sa mère, comme il l'a fait la semaine dernière quand Mehmet, excédé, lui a lancé :

– Ta mère, y en a marre, t'en parles toujours !

Oui, il en parle, à propos de tout, de rien. Elle est morte cet été, laissant David et son jumeau à la charge du père et du frère aîné. Une aide ménagère vient bien à la maison une fois par semaine : pour nettoyer, lessiver, astiquer, pas pour tendresser...

La télévision. Ils l'adorent, tous, sans exception, sans restriction d'aucune sorte, la regardent tous les jours. Que dis-je ! Plusieurs fois par jour !

– Le mercredi, quand il pleut, dit Békir, je regarde toute la journée, je m'arrête que pour manger.

– Moi, je regarde même en mangeant...

– Ouais, moi aussi... crient plusieurs.

– Moi, la journée, je travaille au garage, dit Nébocha. Mais le soir je regarde le film.

Si je leur demande « quel film », ils sont unanimes : n'importe quel film, le film voilà tout. Ils ne se couchent jamais avant dix heures et demie ; le film, c'est sacré, ça se regarde jusqu'au bout.

– Et puis, on peut mettre les petits devant la télé, comme ça on a la paix ! m'explique Rachida.

– Sans la télé, hein madame, qu'est-ce qu'on s'ennuierait ! dit Emmanuel.

Tous approuvent. Corinne conclut :

– Ouais, sans la télé, on serait malheureux. Quand elle est en panne, on sait plus quoi faire, c'est comme si on avait perdu une copine.

Nous passons plusieurs journées « à la doc. ». La doc., un ensemble de salles communicantes : bibliothèque des élèves, bibliothèque des professeurs, salle de travail, salle de documentation proprement dite. Des pièces claires, bien aérées, où les rideaux légers, les plantes vertes, les tables disposées avec un brin de fantaisie font oublier que l'on est là pour travailler. Ici, les élèves trouvent manuels scolaires, livres techniques, encyclopédies, dictionnaires, revues, journaux, dossiers documentaires, diapositives, publications diverses et l'aide à la fois souriante et efficace de Claudine, la documentaliste. Ici, on apprend à chercher le renseignement dont on a besoin, à travailler seul, à respecter le silence de tous.

Nous, nous sommes là pour préparer notre classe-nature qui se déroulera au début du mois de novembre. Le projet a été mis sur pied non sans mal car les professeurs désireux de partir avec des élèves de CPPN étaient loin de constituer une foule ! Tout de même, nous voilà deux pour les encadrer ; quant aux principaux intéressés, ils sont ravis de l'aventure et de ses perspectives. Classe-nature... Oh, nous n'irons pas loin ! Les Vosges sont à portée de baskets et je connais, au Plain de la Gentiane, un petit chalet des « Amis de la nature » où confort et prix d'hébergement sont si parfaitement proportionnés que le séjour sera tout à fait dans nos possibilités et, surtout, celles de nos élèves. Mais les Vosges... Que savent-ils au juste des Vosges, lesdits élèves ? Si peu de choses que la pêche aux informations ne semble pas superflue !

Lâchés dans « la documentation », ils en profitent d'abord pour zigzaguer entre les tables au gré de leur envie de se dégourdir les jambes, furètent un peu ici ou là, lorgnent les rayons, s'emparent d'un livre, l'abandonnent. Ils se découragent vite, « Madame, je trouve rien ! », jettent sur une table la revue grande ouverte, égarent les feuilles où ils prennent des notes. Un peu plus dociles chaque jour, ils apprennent à parler bas, à remettre à leur place exacte les documents empruntés, à refermer tiroirs et casiers, à traiter avec soin les livres. Ils se plongent dans les dictionnaires, les encyclopédies, les cartes routières et topographiques afin de préparer leur itinéraire et le programme des activités. Trois jours ne font pas un long séjour, mais encore faut-il qu'ils soient bien remplis. Distances, kilométrage, altitude, courbes de niveaux, tout un vocabulaire spécifique leur tombe sur les épaules, qu'ils ont du mal à maîtriser, qu'ils adoptent en rechignant :

– Madame, altitude, je mets toujours un « h » ! C'est parce que c'est haut...

Ils feuillettent les livres de géographie, rêvent sur des paysages de neige, des alpages qui mamelonnent à travers des écharpes de brume, reproduisent des croquis de chalets. Les voilà tombés en arrêt devant le sentier de grande randonnée numéro cinq qui déroule sous leurs pieds non des kilomètres mais des heures de marche et leur ouvre la porte d'un monde insoupçonné. Quoi ! On peut vraiment marcher des jours et des jours, traverser la France de bout en bout, comme ça, pour rien, pour le plaisir ? Et la voiture, alors, à quoi sert-elle ? Et le car, le train ? Le « stop », enfin ?

Nous voici à la veille des vacances de Toussaint. Dans le calme de cette fin d'après-midi pluvieuse, qui a nécessité très vite la lumière électrique et fait de la bibliothèque un gigantesque aquarium, ils travaillent au ralenti. Nathalie fignole un titre à grand renfort de stylos fluorescents : l'agression est parfaite ! Corine dessine des gentianes ; les garçons sont plongés dans de laborieuses calligraphies ; Békir illustre son texte – fort court ! – d'enluminures dont il est très fier ; David a étouffé la corbeille à papiers sous l'amas de feuilles froissées dont il l'a bourrée, ses affaires ont essaimé un peu partout dans la pièce ; désœuvré, il rôde entre les tables, distrait l'un l'autre, bouscule, taquine, ennuie. Mais, dans l'ensemble, c'est la quiétude, les conversations ronronnent à mi-voix, l'altercation meurt aussitôt que née. Les ronds de lumière, de quart d'heure en quart d'heure, se font plus crus au-dessus des tables, découpent des têtes penchées, front contre front. Claudine range des piles de livres. La femme de ménage a commencé son nettoyage vespéral : on entend les claquements secs du balai sur le sol, le remue-ménage des tables tirées sans douceur.

Tout à coup, des cris éclatent, que dis-je ! des hurlements, des clameurs ! Je vois surgir Michel, livide, décomposé...

– Madame, madame, au secours !...

Farida le poursuit, toutes griffes dehors, échevelée, écumante :

– Je vais le tuer, ce gosse, je vais le tuer...

– Madame, madame, elle m'a griffé !

C'est vrai, qu'elle l'a griffé, sa joue est toute zébrée. Vite, nous séparons les belligérants. On calme sous le robinet d'eau froide Farida dont les ongles continuent à chercher des victimes, on apaise Michel qui tremble et ne sait que répéter dans ses sanglots :

– Madame, madame, elle veut me tuer...

Ils étaient pourtant bien tranquillement occupés à ranger des revues sur les rayons, ces deux-là : que s'est-il donc passé ? Je ne le saurai jamais, ni ce soir, ni plus tard. Michel me dira seulement :

– Madame, Farida, c'est une panthère.

Désormais, il l'évitera soigneusement.

CHAPITRE 8

Octobre a tenu ses promesses et la semaine de vacances s'est écoulée sans un accroc au ciel, sans une faille au cœur de la lumière. Les feuilles jaunissent çà et là, par touches légères qui mettent aux forêts des rousseurs d'écureuils, et deux ou trois averses nocturnes ont fait pousser en masse des champignons ; ils vous jettent aux narines leur odeur secrète et meurent ignorés. Dans les jardins, les forsythias naïfs et trompés rebourgeonnent quelques fleurs et l'on trouve encore, au revers des talus, des coquelicots délavés.

Les pommes choient en abondance dans l'herbe des vergers et le pressoir municipal ne connaît pas de répit. En paniers, en cageots, on apporte ses pommes, on broie, on presse... Du matin au soir, la lourde vis s'enroule en grinçant et le jus épais glisse sur le poli du bois, emplit seaux et bouteilles, poisse les mains, attire les dernières guêpes qui vacillent au bord des goulots.

Ce lundi matin, le brouillard efface les maisons et noie jusqu'à mi-jambes les gamins qui lambinent vers le collège. Les salles de classe, pas chauffées durant huit jours, sentent l'abandon, et l'on frissonne en touchant de la main les radiateurs pourtant brûlants. Mal réveillés, les élèves bâillent avec accablement et, s'ils échangent des bourrades, c'est sans conviction. Ils ont des pieds qui pèsent dix kilos pièce et n'ouvrent leurs cartables qu'à regret. Je m'efforce d'être engageante :

– Alors, ces vacances, elles se sont bien passées ? Vous en avez bien profité ?

Unanimité dans l'enthousiasme.

Ils ont regardé la télévision jusqu'à plus soif, Emmanuel a dormi très tard tous les matins, David est allé à la pêche, Nebocha a fini de remonter sa mobylette et travaillé sur un moteur de camion, Yetrin a accompagné son père à Lyon, Nathalie a retrouvé des copines, Christelle et Aline des copains, les garçons ont fait du foot et du vélo... Corinne, Fatmana, disent qu'elles n'ont « rien fait » mais que, justement, c'est ça qui était agréable. Michel plie les épaules, muet. Samye, si réservée d'habitude, prend soudain la parole. La voilà qui parle, haut, vite, de plus en plus haut, de plus en plus vite.

– Eh bien moi, madame, les vacances je trouve que c'est pas bien et je suis contente de revenir à l'école. Parce que au moins, à l'école, j'ai un peu la paix, je suis un peu tranquille. Vous comprenez, pendant les vacances, il faut tout faire à la maison ! Il faut s'occuper des petits, et préparer le repas, et faire la vaisselle ! Y a pas une minute de repos ! Et les petits ils pleurent, ils font du bruit. Et le soir c'est jamais fini, y a les voisines qui viennent, et on boit le café jusqu'à deux heures du matin ! Alors, moi, je préfère l'école !

J'essaie d'endiguer le torrent de revendications :

– Mais, dis-moi, ta maman est à la maison ?

– Oui, mais elle fait rien, elle invite les voisines et elle boit le café. C'est comme ça... Vous savez pas, vous, comment ça se passe en Turquie ! Les grandes filles, quand elles ont douze ans, treize ans, il faut qu'elles fassent tout dans la maison, et la maman elle fait plus rien.

– Mais les jours de classe ?

– Quand je sors à onze heures, je vais chercher les petits à l'école. Quand je sors à midi, c'est pas possible, mais je prépare tout en arrivant, la table et tout, et je fais la vaisselle et puis je mène les petits à l'école... Et le soir, c'est pareil. Alors, les devoirs, j'ai pas le temps, des fois, j'ai même pas le temps de regarder un peu la télé...

– Tu as combien de frères et sœurs ?

– Quatre, mais elle en attend encore un, alors ça va être pire !

– T'as qu'à rouspéter et tout foutre en l'air ! Moi, je me laisserais pas faire ! crie David.

– Toi, occupe-toi de tes affaires, tu y comprends rien. Qu'est-ce que tu crois qu'elle peut faire une fille turque de quatorze ans ? Mon père, il dit, et si j'obéis pas il me tue !

– Quand tu seras grande, tu te rattraperas, tu feras pareil avec ta fille, dit Emmanuel.

– Quoi ? ! Ben non alors ! Je veux pas me marier, ça, pas question ! J'en ai assez de m'occuper des petits gosses, je veux pas recommencer encore avec les miens !

– Tu seras peut-être obligée de te marier, souffle Fatmana. Si ton père il veut...

– Quand même, s'insurge Emmanuel révolté, il peut pas te marier de force ! Hein, madame, c'est pas possible de marier quelqu'un de force ?..

– En principe non, bien sûr... Mais, tu sais, ce n'est pas toujours aussi simple...

Je le sais bien, que ce n'est pas simple, et que bon nombre de nos élèves turques ou algériennes, lorsqu'elles ont seize ans, « rentrent » au pays pour y épouser un cousin, un voisin. Mariage arrangé par les parents et à propos duquel on ne leur demande pas leur avis. Si elles ont pris goût au mode de vie occidental, si elles veulent poursuivre leurs études, si elles souhaitent apprendre un métier qui leur plaise... tant pis pour elles ! Elles obéiront à leur mari, élèveront leurs enfants, vieilliront l'âme mutilée, oublieront peu à peu. Samye ne peut ni se révolter contre la vie qu'elle mène ni y changer quoi que ce soit ; l'autorité de son père est indiscutable et il a la main lourde.

Ça sent la révolution : ils vociféraient tout à l'heure dans le couloir, il sont entrés en classe au milieu du tumulte et, plus ou moins installés, voilà qu'ils continuent à lancer des éclats de voix. Il m'est difficile d'ignorer plus longtemps leur évident mécontentement... Mais comme ils sont épuisants et combien je voudrais ne pas être tenue de vivre au gré de leurs états d'âme ! Que se passe-t-il encore et quand donc cette hydre à seize têtes cessera-t-elle de se contorsionner dans seize directions différentes ?

– On dirait qu'il y a un problème... Qui veut prendre la parole ?

Déjà, Emmanuel est debout dans l'allée, débordé par David qui le bouscule pour se jeter sur mon bureau en criant :

– C'est Yetrin ! Et Mehmet ! Avec la prof. de techno !...

– Ça a charclé ! coupe Emmanuel, hilare. C'est Yetrin et Mehmet, ils ont pas voulu faire la cuisine...

– Oui ! crie David incapable de se contenir, et la prof. de techno. elle a gueulé !..

– David ! Tu n'as pas la parole et ton langage ne me plaît pas. Si tu as quelque chose à dire, lève la main.

– Ouais, bon, ça va, c'est toujours les mêmes qui ont le droit de parler, et moi je peux jamais rien dire... Vous m'interrogez jamais.

– Qu'il est bête, ce gosse, dit Nathalie. Tu parles tout le temps, comment tu veux qu'on t'interroge ?

Rires... David, dépité, serre d'abord les poings d'un air menaçant, puis décide de bouder ostensiblement. Emmanuel lève le doigt, se fait enjôleur :

– M'dame, je peux continuer à raconter ?

– Tu peux, mais débrouille-toi pour ne dire que l'essentiel.

– L'essentiel c'est qu'ils veulent pas apprendre à faire la cuisine pour la classe-nature, ils disent que la cuisine c'est un truc de femme, que chez eux c'est pas leur père qui fait à bouffer...

– Emmanuel !

– Pardon M'dame, qui fait à manger, et que eux ils feront pas un boulot de femme.

– Bon, vous avez réglé ce problème avec votre professeur ? On peut considérer que la discussion est close, non ?

– Non, elle est pas close, parce que la prof. s'est fâchée, elle a dit comme ça que manger ça concernait tout le monde et préparer à manger aussi.

– Ouais, mais ils ont rien voulu faire !

– Et ils veulent pas se laver les mains et mettre un tablier pour la cuisine !

– Y disent qu'ils ont l'air de gonzesses ! glousse Békir.

– Tu parles autrement, oui ?

– Mais c'est pas moi, M'dame, c'est eux qui disent !

– Et toi, Békir, qu'est-ce que tu penses de tout ça ?

– Moi, je pense que tout le monde il mange et tout le monde il prépare, comme elle dit la prof. Et moi j'ai préparé une salade, je l'ai bien lavée et coupée et tout et la prof elle a dit « Bravo Békir ! »

Rires. « Raconte pas ta vie ! » lance Christelle.

– Je raconte pas ma vie, je raconte ma salade, proteste Békir.

Nouveaux rires.

– Il devient marrant Békir, hein M'dame ? dit Nathalie.

Quelque chose de léger flotte. Nous naviguons enfin en eaux calmes. Yetrin et Mehmet ne disent rien, oubliés.

– Madame ! Eh Madame ! Les filles turques, elles viennent pas !

C'est David, bien sûr, qui hurle et court vers moi du plus loin qu'il me voit. Il traverse le préau en bousculant quelques groupes, shoote dans un monticule de cartables et atterrit à mes pieds. Il s'époussette et gesticule, dramatique.

– Madame ! Les filles turques, elles ont dit comme ça qu'elles venaient pas, parce que l'autorisation de leur père elles l'ont pas.

– David, ça te plairait si je t'appelais tout le temps le garçon français ?

Il me regarde, interloqué, en frottant sa tignasse. Puis je vois très nettement son visage rosir, preuve que mes paroles ont cheminé jusqu'à son cerveau. Il grogne :

– C'est pas pareil. Elles, elles ont des noms pas d'ici et elles sont toujours ensemble. Alors, je dis les filles turques. Mais c'est pas méchant.

– Bien sûr, mais ce n'est pas gentil non plus.

Devant la porte, leur petit groupe bout à gros bouillons ; les filles, surtout, s'indignent ; la voix d'Aline, suraiguë, perce le brouhaha. Encore une fois, il va falloir apaiser, débrouiller l'écheveau des revendications, tirer au clair toute l'histoire... et surtout grimper en classe avant que mon troupeau n'ameute tout le collège.

L'histoire ? Elle est simple ! Depuis huit jours, j'essaie en vain de récupérer les autorisations de séjour de Samye et de Fatmana. Elles ont d'abord prétendu les avoir perdues, puis ont été absentes, enfin les ont oubliées plusieurs fois... Ce matin, elles me les rapportent, signées, certes, mais barrées d'un vilain trait noir. Savaient-elles dès le début, qu'elles ne seraient pas autorisées à partir ? Oui, bien sûr, elles le savaient, puisqu'elles n'ont jamais pu participer à aucun séjour organisé par l'école primaire. Est-ce le prix qui... ? On pourrait s'arranger ! Non, ce n'est pas vraiment à cause du prix, c'est parce qu'une fille turque n'a pas le droit de s'absenter de chez elle ni de dormir ailleurs que chez elle... Mais, alors, pourquoi n'ont-elles rien dit ?...

Pourquoi ? Pour jouer à faire semblant, pour se croire pendant quelques jours comme les autres, pour conserver, infime, l'espoir que, peut-être... qui sait ? Tant qu'elles ne disaient rien chez elles, ce n'était pas « oui », évidemment, mais ce n'était pas « non ». C'était « peut-être... »

Leur silence, leur haussement d'épaules fataliste me

disent tout cela mieux encore que leurs paroles. Passives, accablées, elles ne nous regardent même pas, elles ont mille ans, des siècles de soumission pèsent sur leurs corps d'adolescentes. Une pitié impuissante m'étreint: je voudrais les prendre aux épaules et les sortir de là ! Là, mais où, là ? Les arracher à leurs familles ? Allons, allons, ne rêvons pas. Elles me sont prêtées pour quelques mois, ces filles. A seize ans, elles quitteront l'école, elles le savent déjà ; bonnes à tout faire à plein temps et non rémunérées, elles resteront à la maison pour élever la nichée jusqu'au dernier.

– Et si j'allais voir vos parents ? Vous ne pensez pas que je pourrais discuter avec vos papas et les convaincre ?

Elles lèvent la tête et me regardent. Dans les yeux de Fatmana brille quelque chose comme une faible lumière, mais Samye a un petit sourire triste et une voix d'adulte pour me dire:

– Vous savez bien que ça servirait à rien. Ça serait même pire.

Et elle a raison. Soupçonnées de s'être plaintes, elles recevraient une correction mémorable et se verraient privées du peu de liberté qui leur reste. Il n'y a rien à dire. Rassemblons notre monde et faisons le compte.

– Donc, vous êtes quatorze à partir ? Yetrin, toi non plus tu n'as pas rendu ton autorisation, il n'y a pas de problème ?

– Moi, je viens pas, fait Yetrin.

– Comment, tu ne viens pas ? Pourquoi ?

– Parce que y a les marchés.

– Les marchés ? Mais ton père n'a pas besoin de toi tous les jours ! Tu viens bien en classe à huit heures, d'habitude, tu n'es pas au marché ! Ton père ne veux vraiment pas que tu viennes ?

– Mon père y s'en fout, y dit tu fais comme tu veux.

Cris, tumulte, Yetrin se fait copieusement insulter par les autres.

– Alors, pourquoi ne viens-tu pas ? Parce que tu ne veux pas faire la cuisine ?

– Non, c'est pas à cause. La cuisine, si j'aurais venu, je l'aurais pas beaucoup fait quand même...

– Alors, pourquoi ?

Il hausse les épaules.

– Ben quoi ! T'as perdu ta langue ? lui lance Aline.

– Dis-moi, Yetrin, dis-moi pourquoi, toi, tu ne veux pas venir. Parce que c'est toi qui ne veux pas...

– Si je vais pas avec vous et que je fais les trois jours les marchés avec mon père, mon père y sera content et y me donnera des sous. Alors je préfère.

– C'est pas bien comme il fait ton père, dit Nathalie, tu devrais lui dire.

– Dire quoi ? lance Christelle. T'as pas compris que lui il préfère avoir des sous ? Moi je comprends ça.

– Oui, moi aussi je comprends, crie Aline. Mais ce qui est pas juste, c'est que Fatmana et Samye elles veulent venir et elles peuvent pas parce que leur père y veut pas. Et Yetrin son père il dit rien, il est d'accord, et c'est lui qui vient pas. C'est pas juste, voilà tout.

– M'dame, en France, c'est pas comme ça, hein, quand même ? dit Emmanuel.

– En France ? Mais... on y est !

– Ouais d'accord, mais je veux dire : les Français y font pas comme ça. S'ils disent non aux filles, ils disent non aussi aux garçons. Ils... ils les traitent pareil. Tandis que chez les Turcs, c'est pas marrant d'être une fille.

Ils approuvent tous bruyamment. Pour une fois, les voilà d'accord : être une fille turque n'est pas un sort enviable.

– C'est vrai, dit Samye, chez nous, c'est d'une façon pour les filles et d'une autre façon pour les garçons. Les hommes et les femmes, chez nous, c'est pas pareil.

– En France, c'est pas toujours vraiment pareil non plus, hein M'dame ?

– Pas toujours.

– Mais pas à ce point, pas si injuste, pas si...

– Comment on dit, M'dame ? coupe Nathalie. Vous savez, pour dire que les uns ont droit à des choses et les autres pas... Vous savez, y a une expression...

– Il y a deux poids, deux mesures...

– C'est ça !

Son visage s'illumine, elle aura le mot de la fin.

– Et les poids, chez les Turcs, ils sont drôlement lourds pour les filles, hein ?

J'ai rendez-vous avec la conseillère d'orientation au sujet de Michel : le repliement de ce gosse me pose vraiment des problèmes. J'ai bien convoqué ses parents mais la conversation que j'ai eue avec sa mère ne m'a pas satisfaite. Le père, lui, n'a pas ouvert la bouche tandis que sa femme parlait d'abondance, expliquant le bébé chétif, l'enfant fragile, toujours enrhumé, l'écolier qui ne retenait rien et doublait ses classes les unes après les autres... Le frère aîné, lui, faisait des études supérieures. Ne pouvait-il aider son cadet ? Là, elle a été catégorique : non, pas possible, pas le temps... Michel avait-il été testé ?

L'instituteur n'avait-il pas ?... Oui, il y a trois ans, Michel était allé voir une psychologue, puis les entretiens avaient pris fin... La mère n'en avait pas dit plus ; elle semblait régenter la vie familiale ; taciturne, le père laissait faire ; le frère aîné vivait sa vie ; surprotégé, Michel vivotait la sienne, une vie de larve docile qu'un rien effrayait, asphyxiait. Une algarade un peu rude au sortir du gymnase ne l'avait-elle pas jeté à terre, affolé, palpitant, au point qu'on avait dû appeler les pompiers ?

Désireuse d'en connaître plus long, j'ai confié l'affaire à la conseillère d'orientation : par elle, je saurai peut-être un peu mieux ce qu'a vécu Michel, ce qui effraie Michel, pourquoi Michel se tait. Ce soir, à l'issue des cours, je la retrouve dans la bibliothèque. Toutes les lampes y sont allumées et les ombres vaincues se réfugient au plus haut des rayonnages. La nuit pèse sur les vitres, dure et cisaillée de coups de vent qui font vibrer les stores roulants. Dans le couloir, c'est l'heure des serpillères, des balais-brosses, des seaux qui s'entrechoquent... Nous nous asseyons de part et d'autre d'une table. Alors, Michel ?

Elle a rencontré le gosse, ses parents, son ancien instituteur et, surtout, la psychologue qui, pendant deux ans, l'a suivi. Michel ? Il est né prématuré, à peine viable, voué à la mort d'après sa mère. Protégé, dorloté, choyé et empêché de se développer librement, il semble avoir pris très vite conscience de sa situation de miraculé, de... sursitaire. Du moins aux yeux de son entourage. Si bien qu'il a pensé très tôt qu'il n'aurait pas dû vivre, qu'il était en quelque sorte inachevé, mal fait.

Le tout petit Michel de trois ans qui faisait pipi dans sa culotte ne parvenait pas à devenir propre « parce qu'il n'aurait pas dû vivre». Et celui de sept ans ne savait pas lire pour la même raison. Et celui de huit ans n'allait jamais jouer au foot, ne savait pas shooter, et celui de onze ans était toujours malade, toujours absent, pour la même raison... Etouffé, angoissé par la crainte maternelle, Michel n'a cessé de fabriquer de l'échec et de s'imputer cet échec comme une faute personnelle.

– Mais l'instituteur ? Pourquoi n'a-t-il pas tiré aussitôt le signal d'alarme ?

L'instituteur, c'est celui d'un tout petit village dont l'école est à classe unique : il n'a réagi qu'après trois redoublements successifs et encore ! Parce que la mère, tout de même, s'est inquiétée. La conseillère du centre psychopédagogique qui a rencontré régulièrement Michel pendant deux ans commençait à entrevoir une amélioration quand la mère a déclaré que, puisque ça allait un peu mieux et qu'il entrait au collège, ce n'était pas la peine de continuer. Il allait sur ses quatorze ans, il était bien assez grand pour se débrouiller tout seul !...

Le voilà donc en quatrième CPPN, livré à lui même dans un milieu inconnu et qu'il juge hostile, puisque les autres y sont à l'aise et lui pas ; le voilà, plus démuni que jamais... Que faire pour l'aider, pour lui donner confiance en lui ?

– Ne le brusquez surtout pas, me dit la conseillère, ne portez jamais sur lui de jugement négatif. Vous comprenez, lui dire que le travail qu'il a fourni est mal fait revient à lui dire que, lui, est mal fait. Il le vit comme ça. Pour l'instant, il ne peut pas le vivre autrement, il n'en a pas les moyens.

– Je comprends... J'ai toujours pris avec lui des

pincettes, mais je vais les doubler de velours ! Et surtout, prévenir les autres profs... J'aurais tellement voulu l'emmener dans les Vosges... Mais sa mère ne veut pas, bien sûr...

Pauvre Michel, coupable de vivre. Pauvre mère de Michel, sotte et maladroite. Pauvres gamins que mutile l'ignorance des uns et des autres. Quel gâchis ! Ce soir, c'est moi qui me révolte et, dans la cour déserte où le vent agrippe ma jupe, je parle seule en gesticulant devant l'auditoire muet des poubelles qui débordent.

CHAPITRE 9

Mais oui, nous sommes vraiment partis. Ils sont tous là, le car est arrivé à l'heure devant le collège et nous avons en un clin d'œil chargé les baluchons, sacs et cartons divers qui contiennent notre ravitaillement. A présent, nous roulons en direction du Ballon d'Alsace, sous un ciel gris brouillé de pluie qui n'invite guère à l'euphorie. Ils n'ont encore réclamé ni radio ni cassettes et n'échangent que des horions modestes. Ils ne se sont même pas battus pour investir la banquette du fond, généralement fort convoitée. Je n'irai pas jusqu'à dire qu'ils s'intéressent au paysage, non, mais ils bavardent gentiment, mâchent du chewing-gum, regardent la pluie embuer les vitres... Colette et moi la regardons aussi, perplexes, à coup sûr moins optimistes qu'eux : les Vosges, sous le soleil, ont un charme certain ; sous la pluie... c'est autre chose !

C'est effectivement tout autre chose quand nous arrivons au Plain de la Gentiane où la brume, épaisse comme un sirop, dilue les sapins en un vague magma et engloutit si bien le chalet que nous ne le découvrons qu'au moment où nous avons le nez dessus. Mais quelle découverte ! Ils regardent, ébahis. C'est vrai qu'on est loin des tours, des blocs et autres immeubles, loin du béton et des murs gris, du crépi blanc, de la pierre apprivoisée. Ici règne le bois, les balcons sont sculptés, les volets fermés éclatent en vert sur le brun foncé de la façade.

– C'est là, qu'on va habiter ? demande Farida, soupçonneuse ; elle appuie intentionnellement sur le « là » et désigne d'un doigt accusateur le petit chalet solitaire planté dans son bout de prairie.

– Evidemment, c'est là ! la houspille Nathalie. T'as vu beaucoup d'autres endroits pour loger ?

– Mais c'est tout petit !

– Quelle idiote ! Evidemment, c'est pas un bloc, toi, tu connais que les blocs, dit David.

– Et alors ? T'en connais beaucoup plus, toi ?

C'est Nathalie qui prend la défense de Farida, solidaire de la gent féminine dès qu'elle la sent mise en accusation, même si, comme David, elle trouve les questions de la gamine saugrenues.

– Ouais, moi, j'en connais plus, parce que j'ai une maison individuelle et je sais bien que ce chalet il est pas petit. Là, ça semble, parce que tout est fermé, mais y a plein de pièces. Hein, M'dame, y a plusieurs chambres ?... Eh, connard ! T'as fini de me bousculer ?

Cette dernière phrase s'adresse à Nebocha qui, chargé d'un volumineux carton, a heurté David sans douceur.

– Si t'es pas content, rétorque le garçon, t'as qu'à faire comme moi, au lieu de rester planté à discuter. Le car, y faut le vider.

– Et si j'ai pas envie, moi ? postillonne l'autre.

Je suggère :

– Tu pourrais peut-être avoir envie, non ?

David me regarde, indécis...

– Ouais, OK, j'ai envie !

Il fonce vers le coffre, pousse les uns et les autres,

reçoit quelques bourrades, les rend...

– Quel idiot, ce gosse ! piaille Christelle dont il a écrasé les orteils.

– Idiote toi-même !

La dispute reprend... Ne cesseront-ils jamais de s'observer, de s'agresser, de se prendre en faute ? Même ici, où ni murs ni portes ne les emprisonnent, où nulle sonnerie ne piétine le temps, où l'espace est infini, borné seulement par le gris du ciel et les rubans de brume, où l'air est d'une fraîcheur à goût de fumée, même ici vont-ils se déchirer de paroles mauvaises, de coups bas ?

Certes oui ! Et avec une ardeur comme décuplée par le grand air ! Tout sera prétexte à coups de gueule, à bousculades sournoises, et les escaliers de bois retentiront de chocs sourds, de galopades, de cris aigus. Ils semblent incapables de prendre possession des lieux autrement que dans la violence. Les garçons ont investi de force les chambres où les filles – avec un soin maniaque de ménagères-nées – faisaient les lits, rangeaient méticuleusement dans les armoires de bois blanc leur linge de rechange, installaient nounours ou photos, même pour deux nuits ! Puis, ayant regagné leur propre dortoir, ils se sont livré des luttes hargneuses pour conquérir le lit situé près de la fenêtre, jugé place de choix.

Dégringolade dans les escaliers : la horde visite le chalet, depuis les chambres nichées sous le toit jusqu'à la cave où s'entassent bûches et boulets qui serviront à faire ronfler la cuisinière – laquelle alimente en eau chaude les radiateurs. Il faut d'ailleurs s'y mettre sans tarder, car voilà que la vie est redevenue simple, réduite aux gestes essentiels, aux besoins de base : le feu, l'eau chaude. Le petit bois refuse de prendre et c'est David – par quel miracle est-il devenu patient ? – qui s'agenouille, nettoie le foyer, froisse du papier journal, remet des bûchettes, approche l'allumette. Les bûches flambent... Sauvés ! Secondé par Nathalie qui remonte de la cave des brassées de bûches et des seaux de charbon, David nourrit régulièrement le feu dont il défend jalousement l'accès. Qui songerait d'ailleurs à lui disputer ce rôle de vestale ? Les autres s'en moquent.

Trouvant peu d'attrait à la maison – dont la simplicité rustique les dépayse et, partant, les rebute – les garçons ont envahi le petit bois voisin ; ils jouent à une vague guerre, taillent des bâtons, prennent d'assaut les arbres, attaquent le balcon et, de là, se mettent en tête d'escalader le toit du chalet. Il faut intervenir, leur faire toucher du doigt leur déraison. Ils ont pourtant quatorze, quinze ans ! Mais non : lâchés en pleins bois, ils ont l'âge des batailles à coups d'épée, des parties de gendarmes et voleurs, l'âge des garnements que rien n'arrête.

Pendant ce temps, les filles aident Colette – professeur de technologie et grande responsable de l'intendance – à vider les cartons qui contiennent nos provisions pour trois jours. La vaste cuisine, un peu impressionnante avec ses casseroles et ses marmites ogresques, leur paraît un domaine enviable, dont elles prennent volontiers possession, n'y tolérant que David, maître incontesté du feu. Elles rangent, classent, trient, empilent, en un remue-ménage d'abeilles.

Déjà, il est midi. La salle à manger – rideaux de cretonne rouge aux fenêtres, tables de bois massif, grands bancs rustiques – est prise d'assaut par la horde des garçons que la bataille a affamés.

– Dites donc, allez vous laver les mains avant de passer à table ! On n'est pas chez les cochons, ici ! leur crie Nathalie.

Médusés par sa toute neuve autorité, ils vont faire la queue devant le lavabo, penauds, silencieux.

C'est d'ailleurs le silence qui préside ce premier repas, un silence fait de timidité et de gêne. Manger ensemble, ils en ont l'habitude, étant presque tous demi-pensionnaires au collège. Mais manger avec leurs professeurs est une nouveauté qui, d'abord, les paralyse. Ils nous observent par en-dessous, s'inquiètent de savoir s'ils tiennent correctement fourchette et couteau, râclent leurs pieds sous la table, accumulent les « s'il vous plaît » et les « merci ». Peu à peu, ils se détendent, le ton des conversations monte, à la fin du repas le hourvari est complet. Les voilà debout sur les bancs, prêts à quitter la table, quand Nathalie – décidément bien à l'aise dans son rôle de mater familias – intervient :

– Et n'oubliez pas que chacun doit débarrasser sa place !

– Et qu'on a affiché dans la cuisine les équipes de vaisselle !... ajoute Christelle.

– Ben dis donc, les voilà domptés, nos garçons, me glisse Colette, elle est terrible cette Nathalie...

La pluie a cessé, mais le brouillard navre toujours le paysage, le réduisant à quelques formes vagues, quand – tables nettoyées, vaisselle rangée – nous poussons la porte du chalet. La petite troupe en imperméables ou K. Way frissonne sur le sentier qui, à travers la forêt, mène au sommet du Ballon d'Alsace. Nantis d'un questionnaire qui les invite à la découverte et munis d'un stylo pour y répondre, les voilà pas fiers de cheminer entre deux haies de sapins qui semblent sans cesse surgis de nulle part et leur versent dans le cou des gouttes glacées. La découverte... c'est le cadet de leurs soucis et ils seraient bien restés au chalet à échanger blagues et injures. Parfois l'un deux, inattentif, bute sur une racine rhumatisante au ras du sol et galope trois pas avant de rétablir son équilibre : les autres gloussent, sans conviction. Christelle et Aline traînent en queue de colonne, réticentes, boudeuses, tapotant leurs cheveux collés par l'humidité. David et Emmanuel vont, très loin devant, silhouettes déjà avalées par la brume et qu'il faut rappeler à grands « Ohohh... » que la forêt assourdit. Marie, dont les six ans sont de l'expédition et qui se réjouit d'être « à l'école avec les grands », serre ma main, impressionnée par l'atmosphère quelque peu spectrale. Les autres suivent, fatalistes, peu à peu séduits, pourtant, malgré eux, par ce qui les entoure, étonnés par les odeurs qui montent du sol et leur taquinent les narines. Parce qu'ils sont curieux, ils se font questionneurs. Les « M'dame, c'est quoi ? » fusent.

– Ça se sont des fougères. Elles sont toutes déchiquetées, toutes détrempées par la pluie, un peu comme de vieux vêtements déchirés. Et puis elles commencent à roussir, regardez, ça fait comme de la rouille... Mais l'été, dans ces coins-ci, elles sont magnifiques, très hautes, d'un vert profond... Le plus joli, c'est au printemps ! C'est très amusant ! Au lieu d'être grande, comme maintenant, la feuille est toute roulée sur elle-même, comme... comme quand on enroule un centimètre ou un ruban, vous voyez ? Et, au fur et à mesure qu'il fait chaud, qu'il y a du soleil, la tige se déroule, tout doucement. Ça fait une crosse d'évêque, je vous montrerai ce que c'est dans une encyclopédie, comme la houlette du berger, dans le temps... Vous avez déjà vu sur des dessins...

– Ah oui, je sais, coupe Corinne, c'est droit comme un bâton et puis, au bout, tout recourbé...

– Et le berger, il a un gilet tout frisé en mouton, intervient Marie.

– Moi, j'vois plus le rapport avec les... comment vous les appelez ces plantes, M'dame ? dit Christelle.

– Les plantes, c'est des fougères, crie Nathalie, et le rapport y en a pas, tu avais qu'à suivre.

– Oh la la, ça va ! Fayotte !...

– Et ça, M'dame, c'est quoi ?

– Ça... ça c'est une digitale, et là, une autre... Regardez ! Il y en a plein... Seulement, elles ne sont plus en fleurs, bien sûr.

– C'est quelle couleur les fleurs ?

– Ici, elles sont roses, un rose très foncé, très vif...

– Le rose à la mode !

– C'est ça... Mais il en existe aussi des jaunes, un jaune très pâle...

– Et c'est comment, la fleur ?

– C'est une grosse grappe qui s'ouvre tout le long de la tige, dans le haut, ça fait des sortes de clochettes très serrées...

– Et ça s'appelle des digitales ?

– Oui.

– Comme les empreintes digitales ?

– Pareil ! Tu sais ce que c'est, les empreintes digitales ?

– Ouais, M'dame ! piaille Békir, moi je sais quoi c'est, les empreintes digitales, c'est quand y a des bandits... On les attrape et on prend les empreintes digitales, et on sait que c'est eux !

– Ouais, et c'est quoi, les empreintes digitales qu'on prend, on leur fait quoi ? l'interroge Emmanuel.

– C'est leurs doigts, on leur appuie leurs doigts, et c'est tous les petits traits qu'y a dans la peau...

– C'est bien, hein, M'dame ? Il en sait des choses, Békir !

– C'est parce que je regarde les films de bandits à la télé !

– Tu vois, ça sert, la télé...

– Eh, M'dame, vous avez vu, y a plein de fraisiers, mais des fraises, y en a plus ! crie David, revenu vers nous.

– Où ça, des fraisiers, fais voir ? demande Békir.

– Là, ça, c'est des fraisiers !

– Mais ils sont tout petits !

– Evidemment, c'est des fraisiers pour les fraises des bois, c'est sauvage, mais c'est les mêmes que les gros, dans les jardins... Moi, dans mon jardin, y en a !

– Et ta mère, elle fait des confitures avec ! coupe Mehmet, narquois.

– Et ta mère, à toi, je m'occupe de ce qu'elle fait ? Tu vas avoir mon poing sur la gueule ! menace David.

– Dis, David, tu ne crois pas que l'endroit n'est pas très bien choisi pour te battre avec Mehmet ? C'est tout mouillé et les autres ont filé devant... Il faut les rattraper !

– Ouais, mais M'dame, vous avez vu ? I'me cherche !

– Mais non, je te cherchais pas, c'était pour

plaisanter ! D'abord, ma mère, elle en fait pas des confitures, alors... dit Mehmet, conciliant, et que je n'ai jamais vu se battre avec personne : il a l'âme tranquille et l'œil rêveur, Mehmet.

Que retiendront-ils de cet après-midi passé sur la bosse débonnaire du Ballon d'Alsace dont ils cherchent en vain le somment ?

– Mais alors, le sommet, c'est où ? réclame Samir pour la énième fois.

– Eh, patate, c'est un Ballon. Les Vosges, c'est des Ballons, ça s'appelle comme ça parce que, les ballons, c'est rond, alors le sommet, le pointu, y en a pas, rétorque Aline qui fait preuve de bon sens.

Que retiendront-ils donc ? Se rappelleront-ils cet instant où, sortis de la forêt, ils ont débouché dans les vastes chaumes ? Le vent complice avait mis en déroute les brouillards et avait ménagé à notre groupe interloqué un rendez-vous avec un coin de ciel bleu. Les herbes longues, couchées par les gifles du vent, dessinaient des vagues fauves à jamais renouvelées. Ils marchaient, un peu courbés, un peu obliques, bouche ouverte pour boire l'air qui coupait le souffle. Reverront-ils le « Monument aux démineurs » qui déclencha une avalanche de questions : Et c'était quelle guerre ? Et ils déminaient quoi ? Et qui avait miné ? Et l'Alsace, c'était la France ? Et ils ont trouvé quoi ? Et y en a beaucoup qui sont morts ? Et il s'appelait comment, celui qui a fait le monument ?... Questions dont ils écoutent à peine les réponses qu'ils s'empressent d'ailleurs d'oublier. Ou n'auront-ils souvenir que du retour en catastrophe et à toutes jambes sous une pluie violente déversée par le ciel redevenu noir ?...

Plus tard, des mois plus tard, quand ils parleront de ce séjour vosgien, ce qu'ils évoqueront toujours avec délices, ce sera notre première soirée au chalet. Rentrés trempés, ils se sont changés et ont mis à sécher sur des cordes tendues leurs vêtements qui fument. Sans enthousiasme, ils travaillent sur leurs questionnaires, recopient les vagues notes qu'ils ont prises, copient sur le voisin, échangent des réflexions, soupirent à gros jets... quand on frappe à la porte d'entrée. Des coups lourds et nets qui figent tout le monde.

– Madame ! Vous avez entendu ? chuchote Emmanuel,

– Oui, on dirait bien qu'on a frappé.

– Chut ! Ecoutez : « il » marche devant la porte...

Colette suggère :

– On pourrait ouvrir, non ? Il pleut... on ne peut tout de même pas laisser ce voyageur dehors.

– Mais qui c'est ? On n'attend personne !

– Ouais, ben on n'ouvre pas. Il fait nuit, on sait jamais.

Des coups retentissent à nouveau et une voix interpelle :

– Eh ! Y a quelqu'un ? Ouvrez s'il vous plaît !

– Je vais ouvrir, hein, M'dame ? dit Nathalie, faut faire quelque chose !

Et c'est ainsi qu'arrive parmi nous celui qu'ils appelleront désormais « le vagabond ».

CHAPITRE 10

Ce vagabond, moi, il ne m'effraie guère, car c'est mon mari, grimé, costumé, et monté nous rejoindre avec la voiture qu'il a garée, comme convenu, en contrebas du chalet. Mais je conçois que, pour des gens non avertis et surgi de la nuit dans le carré de la porte enfin ouverte, il soit quelque peu inquiétant. Il porte un ample gilet en peau de mouton d'où émergent les deux jambes d'un pantalon de velours qui se perdent dans de hautes bottes. A l'épaule, une musette d'un vert délavé, assez pansue pour laisser deviner une bouteille au goulot bouchonné et un fouillis de papier journal. Le visage, sous le chapeau vaguement bosselé, n'a rien d'amène: il est maculé de traces noirâtres – boue ? suie ? –, couvert d'une barbe de plusieurs jours, couturé d'une vilaine balafre ; les cheveux sont longs, bouclés, dégouttants d'eau, mêlés de brins de paille.

– Salut ! Z'en avez mis un temps pour ouvrir... Enfin, fait meilleur ici !... dit l'homme en reniflant bruyamment.

Puis il s'approche de la cuisinière, tend au-dessus du foyer ses mains couvertes de crasse et entreprend d'ôter ses bottes qui dévoilent des pieds nus d'une repoussante saleté. Autour de lui, les gosses se poussent du coude, ouvrant des yeux médusés. Colette et moi ne disons rien, partagées entre notre tumultueuse envie de rire et une certaine admiration pour la qualité de la mise en scène.

– C'est quoi, ici ? Une colonie de vacances ? questionne l'homme qui vient de poser sa musette et, après s'être débarrassé de son lourd gilet, se chauffe les fesses et le dos au feu bien ronflant.

– Non, c'est pas une colo, c'est les élèves à ma maman ! flûte la petite voix de Marie. Longuement chapitrée avant de quitter la maison, elle joue à présent son rôle en actrice consommée.

– C'est une école, ça ? grogne l'inconnu qui, maintenant, se gratte énergiquement la tête, puis les aisselles, le dos, le ventre, revient à la tête... Inquiets, tous se regardent, et je lis très nettement dans leurs yeux que je n'aurais jamais dû laisser entrer ce type, qu'il doit avoir des poux, des puces, à coup sûr des maladies. Déjà, les filles reculent, craignant pour leurs chevelures. Colette, menacée d'une crise de fou rire, s'active autour des casseroles et appelle des volontaires pour mettre la table.

L'homme reprend :

– Z'êtes pas bavards, hein ?... Je vous fais peur ?... Alors, comme ça, c'est une école, ici ? Et la petite blonde, là, c'est la maîtresse ? Eh ben ! De mon temps, l'école elle se faisait pas comme ça, et notre maître, il ressemblait pas à ça non plus ! Dommage, d'ailleurs, avec une jolie petite maîtresse comme ça, je serais peut-être devenu bon élève, eh ? !

Instinctivement, les garçons ont fait bloc autour de moi et David vole à mon secours :

– C'est pas la maîtresse, d'abord, c'est notre prof. de français !

– Oui, ajoute Emmanuel, et c'est pas une école, c'est un collège.

– Et on est en quatrième CPPN, complète Nathalie. Elle a, pour dire cela, un air de bravade que je ne lui ai certes jamais vu pour parler de sa classe !

– Et toi, tu es qui ? lance Marie avec une merveilleuse hypocrisie.

Deux ou trois voix fusent, goguenardes :

– Ouais, qui vous êtes, vous ?

– Moi ?... Ah, moi, c'est toute une histoire... commence le vagabond qui a empoigné une chaise et s'est installé sans façons au milieu de la cuisine, les jambes largement écartées, ses orteils innommables bien en vue. Avec son pull-over élimé – où diable mon mari a-t-il donc déniché cette vieillerie ? – d'où émergent des poignets et un col de chemise plus que douteux, le cache-nez qu'il porte entortillé autour du cou et le chiffon qu'il vient d'extraire de l'une de ses poches et dans lequel il souffle aussi longuement que bruyamment, c'est vrai qu'il a une méchante allure ! Moi-même, je le trouve plus vrai que nature...

Et le voilà qui raconte comment il a décidé un jour d'abandonner son boulot et de se faire chemineau. Et de leur expliquer le mot chemineau « à ne pas confondre avec les cheminots de la SNCF, hein ? ». Et de s'étendre sur les dangers et les charmes de la vie errante. Et de leur vanter le goût exquis du hérisson grillé, pas aussi fin toutefois que l'écureuil, mais bien meilleur que le chat sauvage, jugé un peu trop coriace...

Les filles poussent des cris dégoûtés ; Farida et Rachida se regardent à chaque instant, interdites ; Christelle assure qu'elle ne pourra rien manger ce soir. Les garçons lorgnent avec inquiétude le long couteau que l'homme a sorti de sa musette et avec lequel il a entrepris, tout en poursuivant son récit, de se curer les ongles. Samir, fasciné, suit des yeux tous ses gestes et semble boire ses paroles...

Cependant, peu à peu, son public se détourne de lui. Tandis qu'ils se dirigent vers la salle à manger où les ont déjà précédés les filles, les garçons échangent des propos angoissés.

– Tu as vu ses pieds ?

– Et ses mains ? Cradingues pas possible !

– Et qu'est-ce qu'il pue !

– Et son couteau, vous avez vu un peu son couteau ?

– Tu parles ! Un vrai poignard !

– Vous croyez qu'il va dormir ici cette nuit ?

– Moi, s'il reste là, je me couche pas !

– On fera des veilles, on se relaiera...

– Faudra faire des rondes devant la chambre des filles, on sait jamais...

– Moi, j'ai un opinel, je le garderai dans ma poche...

– C'est quoi, comme numéro ?

– Un dix.

– C'est pas terrible...

– Je sais bien, mais c'est mieux que rien !...

– Y faudrait pas qu'y dorme ici, c'est pas prudent.

– On y dit à la prof. ?

Et une petite délégation vient me trouver en douce pour me convaincre de rendre à la nuit et à la pluie le mangeur de hérissons. Mes arguments sont tout prêts : il fait bien nuit, justement, et il fait froid, et puis il pleut, nous ne sommes pas des sauvages, tout de même, ce serait inhumain...

– Et s'il viole les filles, Madame ? chuchote Emmanuel.

– Et s'il nous assassine tous pendant la nuit ? ajoute David.

– Mais non, voyons, c'est sûrement un brave homme, un peu sale, un peu rustre, voilà tout. Mais nous ne risquons rien ! Vous regardez trop de films à la télé : dans la vie, ça ne se passe pas comme ça !

– Ouais, ben vous, Madame, vous la regardez pas assez, la télé, conclut Nébocha.

– A table ! Ça va être froid ! proteste Colette.

Evidemment, personne ne veut s'asseoir à côté de « l'homme qui pue » et c'est à notre table qu'il s'installe, posant près de son assiette son gros couteau et, sur ses genoux, sa musette d'où, tout au long du repas, il ne cesse d'extirper diverses victuailles enveloppées de papier journal. Généreux et narquois, il offre à la ronde un vieux saucisson, un reste de fromage très odorant et sa bouteille de vin, pleine aux trois quarts.

S'ils furent d'abord silencieux, les gosses laissent voir à présent une nervosité grandissante. Colette et moi nous concertons rapidement et décidons de mettre fin au jeu. Mais... C'est qu'ils ne veulent rien entendre, nos lascars, et refusent de croire que l'atroce bonhomme n'est autre que mon facétieux mari ! Il faudra qu'il leur montre que sa soi-disant crasse n'est que du noir de fumée, il faudra que je passe dans sa tignasse emmêlée une main affectueuse, il faudra que Marie, assise sur ses genoux, et épuisée de rire leur crie « Mais vous voyez bien que c'est mon papa ! » pour qu'ils se laissent enfin convaincre. Mais alors, quel délire ! Ils parlent tous à la fois, s'exclament, admiratifs, questionnent sans fin. Ils veulent toucher le fabuleux couteau, les orteils faussement sales, goûter au saucisson, sentir le vin...

La soirée se poursuit dans l'euphorie. On parle de théâtre, de costumes de scène, de grimage, de vérité et d'illusion. Ils voudraient tous monter une pièce... On la jouerait à la fin de l'année... Jean a sorti de sa musette décidément magique son harmonica et s'est mis à en jouer : c'est un peu la fête. Marie, houspillée, admirée tout à la fois pour sa duplicité, se fait traiter de tous les noms par les garçons un peu vexés de s'être si facilement laissé berner. D'autant plus qu'ils viennent d'apprendre que mon mari n'est monté nous rejoindre que pour partager leur dortoir. Eux qui se promettaient de mener une folle java toute la nuit – nous sachant au premier avec les filles – les voilà bien déçus !

Le lendemain, le vagabond a disparu, retourné au travail et à la civilisation, mais sa merveilleuse présence est encore palpable et ils l'évoquent avec des « Ah, dis donc ! » pleins de rêve. Mystifiés mais pas rancuniers, ils garderont un souvenir nostalgique de cette soirée où le théâtre a si fort côtoyé la vie qu'il lui a emprunté sa terrible véracité.

Si Jean est reparti, le soleil l'a remplacé, qui jette à travers les découpures des volets des confettis de blonde lumière. Tôt éveillés et prêts, dès six heures du matin, à faire tout le vacarme possible, garçons et filles semblent animés d'une ardeur dangereusement batailleuse – que nous tâchons tant bien que mal de canaliser en les invitant à préparer le petit déjeuner, puis le pique-nique de midi.

Que dire de cette deuxième journée qui nous voit traverser en file indienne les chaumes trempés de rosée, belle prairie ployée sous la mince caresse du soleil, puis nous enfoncer dans la forêt où nous assaillent tant d'odeurs nées de l'humus et de la nuit qu'on les croirait vivantes et qu'on hume, inquiet, autour de soi ? Au sortir du bois, la lumière est coupante comme une lame et le ciel de ce bleu intense qui pacifie toutes choses. Nous dominons une combe bien grasse où somnolent des vaches dans la paresse de midi ; tout au bout, au-delà des clôtures, se dresse la ferme auberge dont la cheminée fume en un ruban mincelet. Le décor est d'affiche touristique mais ils y sont peu sensibles, nos affamés qui demandent déjà « C'est là qu'on mange ? »

C'est là et nous y sommes bien vite, poussant la porte vitrée qui livre à nos narines des remugles d'étable qui leur font, à tous, froncer le nez. Dans la petite salle de restaurant, basse de plafond et assombrie de poutres noircies, la chaleur est suffocante et nous restons un instant hébétés avant de songer à rapprocher des tables pour y déballer notre pique-nique. Les sandwiches circulent, les pull-overs sautent, nous commandons du Coca-Cola, bref, nous faisons bombance. Un groupe d'alsaciens repus de ragoût et de bierre chante à une table voisine et nous nous joignons à eux. Quelque chose d'amical flotte dans l'air alourdi de relents de mangeaille ; le quotidien, l'espace d'un instant, pose les armes, le temps s'abolit.

Après un moment de léthargie, après des jeux un peu puérils dans la cour de la ferme – chat perché, béret et autres ballon prisonnier – mais qui rappellent à tous la cour bénie de l'école communale et jettent Marie dans l'enthousiasme, c'est le retour. Les jambes, plus gourdes, butent dans la montée sur tous les cailloux du sentier, les sacs à dos aux trois quarts vides battent la breloque en cadence, les paroles sont rares, même Christelle et Aline ont cessé de chuchoter avec affairement. David marche en tête de la colonne, traînant par la main Marie vers laquelle il se penche souvent pour lui montrer et lui dire des choses et de voir ce violent, chez qui les poings sont toute parole, si fraternel auprès de ma fille, me bouleverse.

Nous faisons halte dans une clairière où s'empilent des grumes odorantes sur lesquelles ils se laissent choir, essoufflés, puis qu'ils commencent à escalader à cloche-pied dès qu'un peu d'énergie leur revient. Le soleil qui se couche teint de rouge les ors un peu fous échappés aux feuillus. Au Plain de la Gentiane, des chevaux accourent vers nous du fond de la prairie, leurs crinières blondes brillent dans le crépuscule, et nous nous arrêtons pour leur parler, les caresser, leur offrir sur nos paumes grandes ouvertes des morceaux de pain, au grand bonheur de Nathalie qui leur parle cheval mieux que personne.

L'heure est légère, un sentiment de paix, miraculeux, emplit l'espace quand, brutalement, des cris éclatent, vite transformés en hurlements, assortis d'injures bien nourries, suivis de coups. Rachida et Farida ont roulé à terre et se griffent, se mordent, s'arrachent des poignées de cheveux. Les autres filles interviennent, nous séparons à grand mal les belligérantes, les garçons prennent parti, ça pleure dans les coins, des rictus tordent les visages, la vulgarité salit les bouches, la haine est palpable... Colette et moi nous sentons découragées, un peu dépassées, infiniment lasses.

Nous aurons beau essayer de nettoyer, du même coup d'éponge, les tables du souper et les eaux sales de la brusque dispute – éclatée à la suite de quelle sombre jalousie ? – un silence hostile s'est installé ce soir, qui clot les bouches et rend vindicatifs les coups de cuillère sur le bord des assiettes. Même le gâteau d'anniversaire destiné à fêter les quatorze ans de Corinne, même nos efforts pour amorcer la conversation, même les reproches de Marie qui les traite de « pas marrants, pas drôles, sales boudeurs » ne ramèneront pas le sourire aux yeux de nos convives. Mais furent-ils donc pétris de violence et de haine dès le ventre de leur mère, ces gosses ?

Au matin du troisième jour, tout semble oublié : les ennemies de la veille chuchotent et rient à la même table, d'autres clans se sont formés. Emmanuel m'explique :

– Les disputes, M'dame, c'est normal ! A la maison aussi c'est comme ça ! Les parents y gueulent, y cognent, on a l'habitude.

– Ben ouais, faut des coups pour comprendre, ajoute David qui semble partager la même conviction.

– C'est la vie, M'dame ! conclut Békir en rigolant.

Les chambres vidées et nettoyées, la salle à manger bien astiquée, la cuisine rangée, le chalet tout entier clos et rendu à son silence, c'est à pied que nous avons prévu de regagner Giromagny où nous prendrons le car régulier pour Belfort, une correspondance pour Montbéliard puis l'autobus numéro six qui nous déposera devant le collège. Le ciel est brouillé et nous sommes poursuivis par de courtes averses qui nous donnent la chasse de clairières en couverts. Ils ne sont pas bavards et vont, un peu voûtés sous le poids de leurs sacs. Je les sens partagés entre le plaisir de retrouver bientôt confort, salle-de-bain, voiture, chaîne hifi et, surtout, télévision et le regret d'avoir laissé à tout jamais sur son bord de route le chalet brun et vert aux paupières fermées. Je les sens farauds, malgré tout, d'avoir vécu ces trois journées d'autonomie, loin du cocon douillet de la famille, loin du carcan protecteur du collège, livrés à leurs capacités comme à leurs inaptitudes – et d'en avoir triomphé.

David marche à nouveau loin en tête avec Marie, fier d'être responsable du sentier à trouver, balisé aux marques rouges et blanches du GR 5. Il continue à prendre un soin jaloux de ma fille qui le suit de confiance. Je suis émue de voir sa petite main dans la grosse patte du garçon qui gesticule ferme et lui explique... Mais que lui explique-t-il, intarissable ? Demain, rendu au collège, je le retrouverai fermé, violent. Pourtant, durant ces trois jours, il fut autre. Simplement lui-même, peut-être ? Profondément lui-même ? Et si l'école n'était qu'un miroir déformant ?

Nous mangeons sur le pouce, au milieu des arbres qui s'égouttent et des palmes de fougères que le vent ébroue dans le soleil. Un arc-en-ciel nous cueille tandis que nous dévalons le chemin pierreux qui rejoint les premières maisons et, tout en bas, Giromagny, où nous attendons le car au bord de la route, dans les vapeurs d'essence retrouvées. Le retour est laborieux et nous titubons, un peu las, ludions tombés d'une autre planète et que la ville désoriente.

Devant le collège ils s'égaillent, s'engouffrent dans les voitures de leurs parents sur un dernier « Au-revoir,

M'dame ! A demain ! » Demain... Que sera demain ? Qu'ont fait Fatmana et Samye pendant ces trois jours ? Qu'est devenu Yetrin ? Quelle angoisse nouvelle y aura-t-il dans les yeux de Michel ? Demain, on verra demain.

CHAPITRE 11

Quelques heures ont suffi à refaire d'eux des écoliers hargneux qui traînent les pieds en regagnant leur place et jettent d'un geste lourd leur cartable sur le bureau. Cette Nathalie qui ouvre en bougonnant son livre de Français, est-ce bien la même que ses responsabilités librement consenties avaient investie d'une autorité inflexible et qui caressait doucement le chanfrein des chevaux ? Aline et Christelle, peinturlurées, sanglées de skaï noir, moulées de jersey, elles avaient de si jolies ombres dansantes, en jogging, dans la forêt ! David qui grogne qu'il va « casser la gueule au premier qui l'emmerde » trouvait des gestes patients pour allumer le feu du matin. Et Nébocha, et Békir, toujours prêts à barboter dans une eau de vaisselle, avaient perdu ces regards endormis qu'ils posent sur moi sans me voir. Vraiment, sont-ce les mêmes ?

Pourtant, leur séjour vosgien leur colle encore à la peau et à l'âme. Ils en parlent avec nostalgie, s'y réfèrent sans cesse, avec une sorte de malignité, devant les quatre qui n'y ont pas participé, en relatent sans fin le moindre épisode, racontant à l'envi la soirée avec le vagabond. Ils semblent avoir complètement oublié qu'ils ont marché contre leur gré de longues heures, rempli des questionnaires ennuyeux, cuisiné et vaissellé plus qu'ils le désiraient, balayé avec fureur, rouspété pour tout et pour rien, échangé des injures et même des coups... Quelle chance que ne demeure en eux que le frêle souvenir de ce chalet ouvert sur la dentelle des bois et la danse des chevaux et où le temps semblait s'être immobilisé !

Cependant, les voilà qui renâclent ferme lorsqu'il s'agit de traduire ces trois journées en comptes-rendus un tant soit peu décents. Cahin-caha, j'essaie d'amener chacun d'eux à la rédaction d'un récit cohérent : c'est laborieux et plusieurs semaines se révèlent nécessaires pour que voient le jour les petits livrets réclamés. Et puis nous préparons tous ensemble un diaporama destiné à montrer aux autres élèves du collège, aux professeurs et aux parents ce que fut notre classe-nature. Ce n'est pas une mince aventure et le travail en équipes exige d'eux des qualités qui leur font cruellement défaut : tolérance, capacité d'écoute et d'attention, respect de l'opinion et du travail des autres, persévérance surtout.

Des disputes éclatent, toujours démesurées, à propos de tout et de rien ; elles les laissent pantelants, griffus, lourds de rancœur, parfois vides de larmes. Déjà Samir déclare à qui veut l'entendre que, lui, « de tout ça, il s'en fout, pourvu que ça soit marrant » ; Aline et Christelle ricanent beaucoup, se poussent du coude et n'écrivent pas grand chose ; Yétrin se désintéresse complètement et n'est pas loin de dormir carrément dans son bras replié ; Békir, accablé, ne cesse de gémir que c'est trop difficile.

Heureusement, les autres sont passionnés par le projet. Reste que Nébocha a décidé tout seul d'un ordre de passage des diapositives et n'en veut pas démordre ; que David et Emmanuel s'arrachent des mains les dites diapositives qui s'éparpillent à terre et qu'ils n'ont plus qu'à tenter de reclasser avec l'aide de Mehmet ; que Samye et Fatmana calligraphient de jolis chiffres pour les numéroter et éviter un nouvel accident mais ne feront pas grand chose de plus... Mais Corinne, Nathalie, Rachida et Farida travaillent en équipe et parviennent à rédiger un texte qui, somme toute, ne manque ni d'intérêt, ni de justesse, ni d'humour. Bien entendu, David le déclare « nul ». Nathalie s'insurge :

– T'as qu'à faire mieux, toi, t'est toujours à critiquer !

David hurle :

– Oui je ferai mieux ! Parfaitement, je ferai mieux !

– Eh bien mets-toi z'y ! Qu'est-ce que t'attends ? Qu'il est con ce gosse !

Dans un instant ils en seront aux mains. Vite, intervenons ! Mais Nathalie éclate de rire, ce qui a pour effet de désarçonner le garçon dont la colère inutile encombre les bras ballants. Furieux, il s'en prend à Michel qui, dans une anthologie, cherche des poèmes destinés à soutenir le texte. Bousculé, insulté, Michel rentre dans sa coquille et se met à pleurer. Emmanuel déclare à David qu'il « fait chier tout le monde » et celui-ci, plein de haine inutile, va bouder dans un coin : un calme relatif s'établit...

Il ne faudra pas moins de six séances semblables pour que le texte soit rédigé, les diapositives définitivement classées, les musiques choisies et les poèmes d'accompagnement sélectionnés. A nous les joies de l'enregistrement à présent ! Là, les voilà presque tous volontaires car ils sont encore assez puérils pour adorer parler au micro « comme à la télé, M'dame ! » et, plus encore, pour inlassablement s'écouter parler, pris de fous rires qui leur mettent aux yeux des larmes, avides d'admiration « Ecoutez, mais écoutez, c'est moi ! », impitoyables dans leurs commentaires.

Afin de n'être dérangés ni par les sonneries de fin de cours, ni par les portes claquées, ni par le brouhaha du couloir, nous avons décidé de venir enregistrer un mercredi matin.

Incroyable ! Seraient-ils tous là ? Presque... Yetrin, bien sûr, est au marché et Samir suit ses cours à l'école arabe. Mais Aline et Christelle ont eu le courage de se lever ; Nébocha a préféré le collège au bricolage d'un quelconque moteur ; Fatmana et Samye ont réussi à s'échapper : grâce à quelle ruse ?

Petit groupe frileux dans le matin tout neuf, ils battent un peu la semelle devant les grilles grandes ouvertes sur la cour vide et l'alignement muet des bâtiments. Décembre, déjà bien établi, jette ses vents âpres et ses ciels charrués de nuées peu clémentes. La bise s'engouffre sous le préau où elle traque les dernières feuilles, empoigne les orteils dans les chaussures et crispe la peau des pommettes. Le collège a l'air de n'être pas lui-même, tant est inhabituel le silence qui l'habite. Impressionnés par cette atmosphère surprenante, ils reniflent, orphelins de leurs repères et, instinctivement, chuchotent, amenuisent leurs gestes, assourdissent leurs pas.

Mais cela n'est pas pour durer et, sitôt installés dans la salle audio-visuelle où j'ai rassemblé magnétophones, électrophones, projecteurs, table de mixage, cassettes et disques, les voilà rendus à leur agitation caractéristique. Le ton monte vite car tout est sujet à conflit : un fil à brancher, la hauteur du son, la place du micro, le réglage du plus petit bouton, le partage du texte, la moindre phrase, un mot, un souffle...

C'est une pièce agréable que celle où nous travaillons : moquetée de beige clair, elle est bien isolée avec son faux-plafond et ses boiseries vernies qui font coffrage. On y trouve le téléviseur et les magnétoscopes, l'écran, les projecteurs et des prises de courant en suffisance. Ses fenêtres donnent sur la cour figée par le vent sale, sur les talus raidis de gelée blanche où les sapins montent la garde. Moineaux et mésanges pépient menu entre le forsythia nu et les gouttières, affairés, en quête ardente de nourriture. Nous, passagers presque clandestins de ce grand navire aujourd'hui déserté, nous naviguons au chaud de ses soutes, conscients de notre privilège, sous les coups de boutoir de la bise qui heurte durement l'angle du bâtiment et fait tressauter à chaque instant les volets roulants.

– M'dame ! Pas vrai que si elle lit trop vite on comprendra rien ?

– Oui, il faut parler très lentement. Vous avez vu, j'ai tracé des barres verticales rouges dans votre texte. Regardez bien... vous voyez ? C'est pour remplacer les virgules et que ça se voie mieux. Une virgule, c'est une pause. Une barre verticale, c'est donc une pause, un arrêt. Ça signifie que vous devez compter un temps dans votre tête avant de reprendre...

– Eh, M'dame, et deux barres, c'est quoi ?

– Deux barres, c'est un arrêt plus long, vous comptez un, deux, trois, tout doucement. Entraînez-vous. Tant que vous ne serez pas capables de dire votre texte très lentement, en articulant bien et sans bégayer, nous ne pourrons pas enregistrer.

– Et nous, on fait quoi ?

– Vous, vous êtes responsables du fond musical. Venez, je vais vous expliquer dans quel ordre passeront les morceaux et à quelle intensité de son nous travaillerons...

– M'dame ! Et pour les poèmes, c'est comment ?

– Comme pour le texte. Relisez-les plusieurs fois, très lentement, très doucement. Nous répèterons tout une fois complètement avant de commencer : entraînez-vous !

Je ne me fais pas trop d'illusions : d'une part, ce que je leur demande est bien difficile pour eux qui ont, presque tous, du mal à lire couramment ; d'autre part, s'entraîner dans le calme à quelque chose d'aussi fastidieux ne peut que les lasser très vite et je suis certaine que, d'ici dix minutes, l'un d'eux va s'écrier « M'dame, ça y est ! ». Pour l'instant, ils se sont disséminés dans la salle et je vais de l'un à l'autre, corrigeant une prononciation défectueuse, indiquant les liaisons à faire, encourageant les plus rétifs. Puis je reviens à mon équipe technique pour lui expliquer le maniement de la table de mixage, l'ordre chronologique des morceaux de musique, l'utilisation de la « pause », la surveillance du micro. Chacun d'entre eux voudrait être responsable de tout et surtout, surtout, ne rien laisser aux autres. Chacun rêve de suprématie. Chacun aspire à montrer enfin – à moi, aux copains – de quoi il est capable, une fois au moins, dans un domaine, quel qu'il soit. Chacun va crocheter du bec et des griffes, pendant deux heures, sauvagement, pour se tailler la part du lion. Chacun... non, à cette course à la gloire, certains ne participent pas et la timide Fatmana, le craintif Michel se tiennent prudemment à l'écart des algarades et des coups de poing qui ne manquent pas de s'échanger en douce. Car ce n'est pas un diaporama qu'ils sont venus faire ce matin, mais une démonstration de leurs talents, un match féroce, un show – et comme ils aimeraient que ce soit un « one man show » ! – une compétition à l'issue de laquelle ils veulent monter sur le podium sous les vivats...

Autant dire qu'à midi nous sommes loin d'avoir fini. Le découragement m'étreint. Il faudra revenir. Mais... reviendront-ils ? Oui, trois mercredis de suite avec plus ou moins de bonne volonté et de fidélité, mais toujours suffisamment nombreux pour que leur travail soit efficace et représentatif de l'ensemble de la classe. Si bien qu'à une dizaine de jours des vacances de Noël nous sommes enfin prêts. Une date est arrêtée : ce sera un soir, à la place du sacro-saint film à la télé... Les filles, nettement plus motivées que les garçons, rédigent des cartons d'invitation qu'elles emportent même chez elle pour les décorer ; Colette a lancé en cours de cuisine la confection de biscuits et gâteaux ; des affiches sont apposées sur les murs, dans les couloirs du collège et en salle des professeurs ; une euphorie légère préside à tous les cours et, si des querelles fusent malgré tout, elles ont l'inconsistance de feux de paille.

Le soir dit, nous voilà sur le pied de guerre. Quelques professeurs sont venus et seulement trois parents sur les seize familles concernées. Les gosses m'interrogent du regard, un regard que je fuis parce que je me sens incompréhensiblement coupable. Et en quoi le suis-je face à la défection de leurs propres parents ? Pourtant, une colère amère comme la bile me tord le cœur : qui, enfin, va consentir à s'intéresser à eux, à ce qu'ils sont, à ce qu'ils font ? Et si personne, jamais, ne leur accorde une vraie attention, comment pourraient-ils s'en accorder à eux-mêmes ?

– M'dame, qu'est-ce qu'on fait ? viennent-ils me demander. Crispée, nouée, je regarde ma montre.

– C'est l'heure, on commence !

– Mais y a presque personne... Et tous les gâteaux qu'on a préparés !..

– Les gâteaux, c'est pas grave, on les mangera tous ensemble demain !

– Mais les diapos... qui c'est qui va les regarder ? !

– Tout de même, il y a une dizaine de personnes... Ces gens-là, ils sont vraiment venus pour le voir, ce diaporama, on va donc le leur passer.

– Le principal, il est même pas là !

– C'est vrai, il n'est jamais libre le mardi soir, il m'avait prévenue...

– Ah ?

Ils n'ont pas l'air très convaincus et j'ai un peu honte de mon mensonge. Mais quoi ! Je ne peux tout de même pas admettre devant eux que le principal n'attache à leur classe qu'une importance toute relative et que, pourvu qu'ils soient casés et ne fassent pas trop parler d'eux... il ne leur en demande pas plus. Et, somme toute, à nous non plus. Nous, il suffit que nous ayons les épaules assez larges et la poigne énergique. Qu'avons-nous besoin d'en faire davantage et quelle drôle d'idée d'organiser des classes-nature et de réaliser des diaporamas !...

Le lendemain matin, la neige m'attend au seuil de la grange dont j'ai ouvert toute grande la porte pour sortir la voiture. Une couche légère poudre les champs d'immatérielle douceur et brille dans la nuit d'une lueur de fête. Est-ce Noël, déjà, qui se prépare en cachette ? Les arbres se délient de l'envoûtement de la nuit finissante et surgissent, à peine surlignés de blanc. Sur la route, deux traces parallèles, escargotiques, crissent sous mes pneus, m'invitant à la prudence. Le chasse-neige n'est pas passé : la virginité du paysage est entière, l'insécurité du sol aussi. Je plonge dans la poudrerie qui palpite autour de mes balais d'essuie-glace, attentive aux dangers de la conduite sur cette petite route glissante et déserte, imaginant la joie de Marie lorsqu'elle découvrira derrière les fenêtres le verger féerisé. Elle voudra sûrement mettre sa salopette de ski... Ils organiseront des parties de boules de neige dans la cour de l'école...

J'ai quitté les bois et retrouvé la trame serrée des petites maisons que gardent leurs jardins. Figés dans une blancheur de livres d'images, ils couvent ce matin des rêves lents et leurs oignons de tulipes, bien au chaud dans la terre qui les gardera jusqu'au printemps. En ville, la neige s'endeuille de traces de pas, de cendres renversées, de bourrelets de boue. Je serai en retard au collège, mais les élèves le seront sûrement aussi, les cars de ramassage n'étant pas exempts plus que moi des difficultés de circulation. Les CPPN, avec lesquels j'ai cours à huit heures, vont m'attendre. Pourvu qu'ils n'aillent pas s'imaginer...

Mais oui, ils se sont imaginé, bien sûr que, vexée par l'insuccès de notre soirée, j'ai boudé l'école et, quand je pénètre dans la classe où les garde un surveillant, ils parlent tous à la fois. Les « Madame, vous êtes là ! On croyait que... Vous êtes venue ! On pensait que vous en aviez marre de nous... » se bousculent sur leurs lèvres.

– Ils sont bêtes ces gosses, me dit Nathalie quand le calme est revenu, je leur ai dit que vous étiez en retard à cause de la neige, parce que vous habitez loin. Mais y z'ont pas voulu m'écouter. Je sais bien, moi, que l'histoire d'hier soir c'est pas grave...

– Pas grave ! hurle David. Si, c'est grave, y avait onze personnes à la projection !

– Et alors ? lui rétorque Nathalie, y aurait pu y en avoir trois aussi !

– Pourquoi pas zéro, pendant que tu y es !

– Ben oui, pourquoi pas ?

– M'dame, vous entendez ce qu'elle dit ! Elle trouve normal que les gens soient pas venus, ma parole, elle est folle !

– Eh là, on se calme... Si vous voulez, nous allons, tous ensemble, discuter du problème. On fait un débat, d'accord ?

L'accord est unanime. Le mot débat – porteur de démocratie et de liberté – reste pour eux magique et enlève toujours leur adhésion. En quelques minutes, ils transforment l'agencement de la salle de classe et s'installent tous en rond.

Ils jettent dans la mêlée leurs interrogations, leurs révoltes, leurs déceptions, avides de dire, de crier, de hurler, trop souvent, peu soucieux d'écouter, encore moins de comprendre, d'analyser. De cette soirée qui nous a, à tous, griffé l'âme, j'essaie de leur montrer le côté positif ; mais un leit-motiv les taraude : « Pourquoi ils sont pas venus, ils, les autres, les adultes, les professeurs, les parents... ? » Dans l'eau bourbeuse de la déception, j'essaie de pêcher pour eux des embryons de réponses, d'évoquer le temps, qui manque à tous, toujours...

Mais un constat amer me les rend coléreux : quand on ne trouve pas le temps, c'est que ça n'intéresse pas. Ils le savent bien, eux qui n'ont jamais le temps d'apprendre leurs leçons ! Et une conclusion rôde, insidieuse : si leurs parents n'ont pas fait l'effort de venir voir leur travail, c'est qu'ils s'en moquent de ce travail, sans doute, comme ils se moquent des relevés de notes, des copies à signer. Alors, dans ce cas, à quoi bon travailler ?

– A quoi bon ? ! Mais pour vous ! C'est pour vous que vous travaillez ! Pour vos connaissances, vos progrès, votre réussite à vous. Votre plaisir à vous ! Et le montage, c'est pareil. C'est pour nous que nous l'avons fait, tous ensemble. Et ce qui est important, c'est que nous, nous le trouvions beau.

– Alors, c'était pas la peine d'inviter des gens à la soirée ? On n'avait qu'à le regarder tout seul !

– Bien sûr, oui... oui et non. On peut avoir envie de faire partager aux autres. Ce qu'on fait, ce qu'on dit, ce qu'on écrit, c'est aussi pour les autres. Ils viennent, ils ne viennent pas... s'il y en a deux ou trois qui vivent ce partage, c'est merveilleux !

Ils m'écoutent, perplexes, pas bien certains d'adhérer à ma théorie. Nathalie conclut :

– Vous aimez rêver, hein, M'dame ?

Nous avons projeté encore une fois notre diaporama, comme ça, entre nous, pour le plaisir. Et mangé ensemble les gâteaux restants. Et regardé dans le bleu glacé de la vitre pétiller les flocons de neige. Leur danse allège nos rancœurs, donne du prix à notre quiétude, jusqu'à ce que Nathalie, d'une question, tracasse le silence :

– Dites, M'dame, si ç'avait été une autre classe que la CPPN qui aurait fait le diaporama, y seraient venus, hein, les profs et le principal ?

– Tu crois ?

Parce qu'elle attendait de ma part une réponse apaisante, elle est un peu désarçonnée.

– Alors, Nathalie, tu crois ?

– Je sais pas, M'dame, mais je crois un peu. Les CPPN, vous savez bien qu'on n'est pas comme les autres...

Hourvari, protestations vexées, approbations diverses. Je laisse se décanter doucement la rumeur.

– Vous vous rappelez, M'dame, poursuit Nathalie qui suit le petit brin de fil de sa pensée, le film que vous nous avez fait voir en cassette, « Au nom de tous les miens » ?

– Oui.

– Dans le film, les juifs ils étaient dans un endroit spécial de la ville, tous ensemble.

– Oui.

– Ça s'appelait comment cet endroit ? Ça avait un nom...

– Le ghetto, c'était le ghetto de Varsovie.

– Voilà, c'est ça, le ghetto !

– Où tu veux en venir avec ton ghetto ? proteste Christelle, apparemment dépassée par la discussion.

– Elle est compliquée, Nathalie, hein M'dame, faut toujours qu'elle raconte ! dit Mehmet.

– Moi, j'ai compris, dit Békir.

– Et qu'est-ce que tu as compris ?

– La CPPN, elle est le ghetto, et le collège, elle est la ville.

– Voilà, c'est ça, dit sombrement Nathalie.

– Mais on n'est pas juif ! crie Emmanuel.

– Crétin, c'est une comparaison !

– Nathalie !

– Ouais, bon, excuse-moi, tu es pas crétin, mais tu es pas malin. Pour le ghetto, vous trouvez pas que j'ai raison ?

– Pas vraiment. D'abord, tu exagères un peu ; et même beaucoup. Ensuite... je crois que, d'une certaine façon, nous portons tous en nous notre ghetto.

– Ça veut dire quoi, M'dame ? dit David, c'est encore une comparaison ?

– Bien sûr. Ça veut dire qu'il y a en nous un quartier un peu secret, dont nous avons honte, ou qui nous peine, ou qui nous pose des problèmes : c'est notre ghetto !

– Quoi, par exemple ?

– Oh n'importe quoi ! Békir, son ghetto, c'est le vocabulaire et l'orthographe ; Fatmana, c'est sa timidité ; Samye, c'est son boulot à la maison, Corinne...

– Moi, c'est mes cheveux ! dit Corinne.

– Et moi, c'est mes brûlures, crie Emmanuel.

– Moi, mon ghetto, c'est que ma mère elle est toujours malade, dit Aline.

– Et toi, Michel, dit Nathalie, ton ghetto c'est ton silence.

Il lève les yeux, il la regarde, il lui sourit.

CHAPITRE 12

Roulées de neige fraîche et de matins glacés, les vacances de Noël fondent dans l'uniformité des feuillets qui se détachent du calendrier aminci. Il neige jour et nuit, de bise et de brouillard, et les fenils disjoints s'emplissent de pulvérulence. Graduellement, la couche s'épaissit, gommant les repères familiers ; page de cahier éblouissante, la campagne où s'inscrivent des signes neufs confond l'œil et aiguise l'esprit. Prisonnière des fenêtres closes et de la chute ininterrompue des flocons, Marie comptabilise les merveilles : traces menues en rangs serrés des mésanges et des moineaux venus faire leur marché dans les mangeoires ; trace plus lourde de la pelote en creux dessinée par les chats ; longs glaçons à sucer des stalactites qui pendent du toit ; dentelles déchirées aux branches des sapins qui s'enhaillonnent d'une blancheur exquise... La neige, peu à peu, a fait nos arbres nains et repousse bien loin les bords de l'horizon de ses mains de tempête.

Sous la férule du cantonnier et au teuf-teuf cahotant de son moteur, le vieux tracteur qui fait office de chasse-neige va et vient inlassablement. Il dresse sur les bas-côtés des murs de pastel bleu dans lesquels on taille, avant qu'ils durcissent, un passage étroit, à grandes pelletées. Au long des heures, son ronronnement asthmatique et familier emplit les rues du village, rebondit de bois en jardins, s'apaise dans les remous d'un crépuscule rouge qui embrase les champs, puis s'éloigne, assourdi.

Après une nuit de charroi dans tous les greniers des fermes et de gémissements du vent mal enchaîné, au matin les congères ont effacé la route. Le garde-forestier, pourtant enfant du pays, cherche son tracé et sonde les talus pour les piqueter de longues perches qui serviront de repères aux automobilistes aventureux. Lomont est devenu un village du bout du monde et nous nous y encoconnons avec un soupir d'aise, oublieux du temps qui passe, oubliés des gens pressés.

Dans la cour, un énorme bonhomme de neige ventripotent atteste les longues heures que nous avons passées, Marie et moi, à lisser sa bedaine. Son nez en carotte a durci au gel et son chapeau de clown, d'où dépasse une tignasse de laine rouge, s'est déchiré sous le cri d'une bourrasque jalouse. Marie lui tient chaque jour de longues conversations et me dit, fiérotte : « Celui-là, il n'est pas près de fondre, hein, maman ? » Au petit soleil de l'après-midi et malgré les quelques moins quinze ou moins dix-huit quotidiens, nous traînons jusqu'au château d'eau notre luge en bois et dévalons le chemin devenu glissoire dans les gerbes de rire et d'écume de neige, mêlées.

Dressés contre le mur de la grange, mes skis de fond m'attendent, que je chausse chaque jour pour m'enfoncer dans la forêt. Féerique, maléfique, tout à la fois, c'est celle du Petit Poucet, de Blanche Neige abandonnée, du château de la Belle au Bois Dormant, celle de Brocéliande, de Bilbo le Hobbit, peut-être. Je suis des traces dans la neige nacrée ; je lis des luttes, des survies, des défaites que coagulent des tas de plumes ; je quête la beauté sur l'écorce des hêtres entaillée de cristaux, dans les branches blessées d'un bouleau encroué qui geint d'une voix malade, aux bras des sapins gainés d'un velours sombre que la lumière irise. Attentive à la symphonie du silence, je hume l'air trop vif qui pique les muqueuses du nez et sent la vanille. Je rentre quand le froid me coud le bout des doigts où le sang bat trop vite. Je me déchausse, je laisse à la porte un monde nival.

Je retrouve la maison engoncée dans sa quiétude, la salle où l'ombre s'insinue et rôde sournoisement autour de la cheminée ; une bûche morte-vive agonise en ronflant ; le chat s'étire, miaule pointu, s'effiloche au pied d'un fauteuil dans lequel je m'écroule, muette, repue de sensations. Marie claque la porte de sa chambre, dégringole dans les escaliers, clame bien haut :

– Bonsoir ma puce chérie !

– C'est moi, ta puce ?

– Mais oui, tu es ma petite puce coureuse de forêt ! Il fait bien noir ici, on ne voit même pas le bout de son nez ! Il est où, ton nez à toi ? Ouh la, la ! Il est tout froid, ça prouve que tu es en bonne santé, comme le chat... Qu'est-ce que tu fais dans le noir ?

– Viens là, tu est toute décoiffée...

– C'est normal, j'ai piqué un galop terrible sur mon cheval bleu. Sa crinière volait au vent et mes cheveux aussi. C'est pour ça que je suis décoiffée ! Nous allions abominablement vite, c'était terrifique !

– Terrifique ? Tu crois ?

– Hu, hu... Je l'ai attaché devant la porte... Tu l'entends qui piaffe ?

– Ton cheval bleu ?

– Ben oui, qui tu veux d'autre ? Bon, faut que je me grouille, je vais aller lui donner un picoton d'avoine.

– Un picotin d'avoine, pas un picoton.

– Pas du tout ! Je te le dis à toi, mais ne le répète à personne : ça s'appelle un picoton. Et puis je vais lui attraper deux papillons, il aime ça, les papillons, mon cheval bleu...

– Tu sais, les papillons, en cette saison, ils font dodo dans le ventre de la terre.

– Oui, mais les miens c'est pas des vrais papillons, juste du rêve... J'aime bien les papillons... mais j'aime pas les leçons ! les boulons ! les boutons ! J'aime mieux les devoirs ! les arrosoirs ! les chats noirs !

– Les chevaux noirs ?

– Non, pas noirs, bleus ! Bleus les chevaux, maman !

– Dis, ton cheval bleu, tu devrais le faire rentrer, il va prendre froid, dehors !

– Ça, c'est une bonne idée ! Allez, hue ! s'écrie-t-elle en sautant à califourchon sur mes genoux.

La veille de Noël, nous nous éveillons dans un silence compact qui broie les murs et serre de près les tuiles du toit. Le vent a cessé, parti tourmenter ailleurs d'autres envols de neige, et le gel a posé sa carapace. Il a pris dans sa gangue la campagne toute entière, de la plus lourde branche d'arbre au moindre feston de branchette d'arbuste. Le plus léger brin d'herbe se dresse, lancéolé, dans le grand jour terrible, et les vieux pruniers, soudés au sol par la glace vive, se plaignent avec des grincements de bêtes captives. La terrasse est un grand lac gelé lissé par nos piétinements et la route luit sous le soleil qui découpe à sa surface deux lames brillantes. Les bruits semblent figés dans l'air immobile qui raréfie le souffle et le thermomètre marque tout bonnement moins vingt-trois degrés. Inquiète pour la colonie d'oiseaux qui squattent les chenils et tous les trous des murs, Marie emplit à larges poignées les mangeoires et se saisit du chat jugé coupable de bien des assassinats.

– Dis maman, et la crèche, comment on va la faire ? On trouvera pas de mousse...

– Quand il a commencé à neiger, je suis allée en ramasser quelques plaques dans la forêt, elles sont bien au frais dans la grange.

– Ah bon... De la belle mousse avec des étoiles ?

– Avec des étoiles, oui.

– Alors je vais chercher les santons.

Rituel du 24 décembre. Sur le bahut débarrassé de ses bougeoirs et pots d'étain et selon l'expression consacrée, nous « faisons la crêche ». Tradition nouée à ma vie depuis le tréfonds de la petite enfance. Crêche provençale, non à base de papier rocher et à grand renfort de neige luminescente, comme on la fait ici, mais sur fond de mousses bien vertes et entrelacs de branches de sapin, comme le veut la coutume marseillaise qui ne connaît pas les Noëls blancs. Dans ce pays où règne surtout le sapin décoré et même Saint Nicolas, nous restons fidèles à notre petit peuple de santons. Ebréchés, manchots, borgnes, mais colorés et gais, les voilà qui accourent en foule pressée des quatre coins du bahut pour faire la ronde devant le petit Jésus qui rit dans la paille. Chacune de leurs ébréchures est lourde de souvenirs que Marie réveille d'un « Et ça, c'était quoi dis, maman, raconte ! ». Et je rappelle le jour où et la fois que tandis qu'elle plante d'une main précautionneuse le petit personnage en terre cuite dans la pelote de mousse duveteuse.

Et quand ils sont tous là, le berger, le tambourinaire, l'aveugle et son fils, la poissonnière, le rémouleur, Margarido, le boumian et tous les autres, l'outil et l'offrande à la main, on enroule au paysage miniature une guirlande de lampes colorées qui posent çà et là des taches de lumière d'une charmante désuétude.

Le soir venu, comme les personnages de la crèche, nous processionnons dans la rue principale pétrifiée de verglas bleu. Les vieilles s'appuient sur des cannes, des parapluies ; beaucoup trottinent en pantoufles ; les gosses tentent des glissades vite freinées par la poigne maternelle ou la taloche paternelle. Sur la placette crissante de gel, sous le ciel piqué d'une étoile unique, l'église se dresse, porte grande ouverte sur la clarté des cierges, où nous attend, nous aussi, le petit Jésus.

Après, les jours s'essoufflent, alourdis de cadeaux et de repas trop riches qui font l'âme dolente et les membres engourdis. Famille écartelée que la fête rassemble, nous voici réunis au coude à coude pour quelques heures dans la torpeur de l'après-midi poisseux ; gosses et jouets gisent, épars, sur la moquette du séjour ; papa lit, dans un fauteuil, devant la cheminée ; le chat, sur ses genoux, froisse du papier journal à chaque mouvement et ronronne par à-coups ; des voix d'hommes nous parviennent, assourdies, de la grange où Jean a emmené son père, son frère, le mien. Les mains dans l'eau de vaisselle, maman et moi savourons le temps qui se réduit au tic-tac de l'horloge et la parole qui se dévide fil à fil. Et c'est vrai que, les mains occupées à d'humbles besognes ménagères, l'esprit libéré divague, le cœur s'épanche. Combien de kilomètres de menues confidences nous sommes-nous ainsi murmuré, les mains dans l'eau de vaisselle ? Mains semblables, mains jumelles, que l'eau chaude frippe et apaise, mains qui jouent à l'unisson la même partition tandis que les pensées se nouent au ruban de la tendresse.

Bien sûr, le lave-vaisselle est un appareil ménager des plus remarquables. Mais il fera disparaître, en même temps que les eaux grasses, la complicité des mains qui trempent dans la même eau et de l'affection qui s'effeuille. Demain... demain, sans doute, nous installerons un lave-vaisselle. Demain. Plus tard. Ce soir, l'ombre est venue, qui pacifie tes rides, maman, et rend ton sourire aussi jeune que le mien. Demain, je retournerai au collège et les CPPN, à nouveau, pèseront de tout leur poids sur mes épaules. Demain...

CHAPITRE 13

– Alors, M'dame, c'était bien les vacances ?

J'aurais aimé me glisser à pas de chat dans le collège encore endormi aux bras de la nuit, traverser discrètement le préau dont les lampes falotes silhouettent des groupes bavards, pousser la porte de la salle des professeurs et m'encoquiller doucettement dans un coin de pénombre. Pour savourer la longue nuit finissante. Pour jeter un pont entre l'éblouissante blancheur des vacances et les pans d'ombre de janvier que cerne la boue. Pour me rassembler toute avant d'empoigner le second trimestre.

Mais la question d'Emmanuel me saisit au vol tandis que je traverse la cour. Déjà, ils sont là, s'agglutinent autour de moi. Eh bien, montons !... Certains ont tant à dire que les mots se bousculent et sortent en torrent mal endigué qui désarçonne la phrase. Quel étrange besoin de parler les torture ? Furent-ils donc tellemement silencieux durant ces quinze jours ?

Je comprends peu à peu que, pris dans le tourbillon de la fête, saoulés de télévision et de cassettes, repus de repas et de sucreries, ils ont ri, crié, hurlé sans doute et toutefois perdu de vue le langage nourricier. Ils ont vécu tant de choses qu'ils ont envie, qu'ils ont besoin de dire, et qu'ils jettent en vrac à présent et que nul n'écoute car tous parlent à la fois. C'est une avalanche de saumon fumé, d'escargots, de langoustes, de champagne, de bûches glacées, de films vidéo et autres nuits blanches que se renvoient les murs nus de la classe.

Le ton monte : chacun essaie de vociférer plus fort que le voisin. Je les écoute en silence, curieuse de voir sur quel pic sonore se brisera leur élan. Je sais quels sont ceux qui n'ont pas ouvert la bouche, ceux qui très vite se sont tus. Bientôt ne restent plus en lice que David et Emmanuel qui gesticulent, qu'Aline grimpée sur sa chaise. Pantins aux ficelles brisées, ils se rassoient, penauds. David bougonne :

– Ben quoi ? On peut plus parler ? Pourquoi personne dit rien ? Y en a marre !...

– Dis-moi, David, tu as envie de nous raconter tes vacances ?

– Ben ouais !

– Mais comme tout le monde parle à la fois nous n'entendons rien : ça te convient quand même ?

– Ben non !

– Sinon, lance Békir, tu vas dans la rue et tu parles tout seul, comme les vieux grands-pères elles font ! Et tout le monde elle rit !

– Oh toi, ça va hein ! Tu parles même pas français !

– C'est normal, je suis turc !

Les filles gloussent, comme chaque fois qu'une répartie de Békir les enchante. David est devenu rouge : dans un instant, il va se lever et aller jouer du poing sur la petite tête ronde de Békir. J'interviens :

– On réfléchit tous ensemble, d'accord ?... Pourquoi, quand il nous est arrivé quelque chose, avons-nous envie de le raconter ?

Les réponses fusent : « C'est normal ! C'est marrant ! Les autres y z'ont rien à dire et nous oui ! Parce que, les copains, c'est fait pour ça ! Parce que tout le monde raconte, même les animaux, les petites oiseaux elles se parlent... (ça, c'est Békir, bien sûr...) »

Silence, ils reprennent leur souffle.

– Même les sourds-muets, ils parlent, dit Corinne ; avec leurs mains.

– Même les bébés qui savent pas parler, ajoute Mehmet, ils font areu areu et des bulles !

Rires, suivis d'un nouveau silence.

– On parle pour se sentir vivant, dit Nathalie.

– Tu veux développer ta pensée ?

– On parle pour sentir qu'on existe, pour pas être tout seul dans sa tête... Sinon, on devient fou. D'ailleurs, les fous ils parlent seuls.

– C'est donc un besoin vital ? Le besoin de communiquer ? Vous êtes d'accord, les autres ?

Des « oui » convaincus et de vigoureux hochements de tête semblent indiquer qu'ils sont effectivement d'accord.

– Nous avons donc absolument besoin de communiquer avec les autres. Bon.... Mais pour que cela ait un sens, il faut que nous soyons certains que nous sommes écoutés. Nous devons donc tantôt être celui qui parle et que l'autre écoute et tantôt être celui qui écoute pendant que l'autre parle. Il faut qu'il y ait... Comment dit-on ?

– Réciprocité ! crie Mehmet.

– Bien, c'est ça, réciprocité. Le problème, tout à

l'heure, c'est que tout le monde voulait parler et que personne ne voulait écouter. Nous allons donc recommencer, mais chacun va se choisir un interlocuteur.

– On va faire un jeu ? demande Mehmet.

– Un jeu de quoi ?

– Un jeu de dialogue et d'interlocuteurs : vous avez dit qu'on allait en choisir un...

– C'est ça, tu as tout compris. Vous allez constituer des équipes de deux...

Et puis le jeu se met en place, sous forme de conversation téléphonique, comme ils l'ont suggéré, à grand renfort de questions qui relancent le récit, comme je l'ai demandé. Je vais des uns aux autres, les obligeant à reformuler leurs interrogations de façon grammaticalement correcte, développant un embryon de leçon sur la phrase interrogative, reprenant les timides qui hésitent ou bafouillent. La sonnerie de fin de cours nous interrompt : il est entendu que, demain, chaque équipe présentera à l'ensemble de la classe son dialogue, sous forme de petite représentation théâtrale. Le mot théâtre ayant été prononcé, c'est carrément du délire et ils quittent la classe dans la plus complète excitation.

Seule, Nathalie est restée, qui me considère d'un air narquois.

– Qu'est-ce qu'il y a, Nathalie ?

– Y'a que vous êtes drôlement maline, M'dame.

– Ah ?

– Ben oui. En deux heures, vous avez réussi à nous faire travailler sur le dialogue, à faire parler même ceux qui ont pas envie, à donner une révision de grammaire et à nous préparer un travail oral pour demain !..

– Et alors ? Ce n’est pas bien ?

– Si, c’est bien. Mais vous êtes drôlement maline parce qu’en plus ils z’y ont vu que du feu et ils sont tout contents !..

– Et toi qui n’y as pas vu que du feu, tu n’es pas contente ?

– J’ai pas dit ça, mais n’empêche, vous vous débrouillez toujours pour faire ce que vous voulez, conclut-elle en sortant.

Elle me laisse seule dans la salle de classe vide où se dessinent leurs ombres familières sans que j’aie besoin de fermer les yeux. Ils sont là, avec leur gaucherie, leurs « non » à fleur de lèvres, leurs grondantes colères, leurs effrois, leurs excès. Ces tables, ces chaises sont toutes habitées d’eux et l’air que je respire – un peu lourd, un peu âcre – palpite encore du choc de leurs affrontements, de l’émoi de leurs angoisses.

Tout est tellement marqué ici du sceau de leur présence qu’il me faudra sans doute de longs mois pour effacer leur empreinte, lorsque les grandes vacances auront désuni leur terrible amalgame. L’année prochaine, la suivante, l’autre encore, s’il m’arrive d’entrer dans cette salle 206, ne les reverrai-je pas tels qu’en eux-mêmes, écrits à l’encre sympathique au stylo de mes souvenirs, dans leur posture habituelle ?

Janvier s’étiole dans la gangue des jours sans aurores où la matinée livide naît douloureusement de la nuit. Midi met au ciel un peu de lumière qui pousse devant elle le gris des nuages. Enfin, une lueur diffuse annonce que, quelque part, sur des rives lointaines, le soleil s’est blessé. La nuit, déjà, est là, épaissie de sang noir, porteuse de miasmes glacés que livre la bise.

Ce soir, ma route est solitaire ; je rentre tard, retenue par une réunion. J'ai laissé derrière moi les quelques maisonnettes de Couthenans où des lampes brillaient derrière les volets. Les phares de ma petite voiture me fraient un tunnel de clarté à travers le mur des forêts qui s'écarte un instant et se referme bien vite sur des envols frileux d'oiseaux quêteurs. Ma pensée suit son errance, se noue à mes doigts sur le volant, vole au silence nocturne un craquement de branches, divague aux côtés du moteur, repasse le film de la journée écoulée.

Mes quatrième CPPN sont en stage professionnel. Plus de collège pour eux pendant quinze jours ! Ça ne s'est pas fait sans mal car, ce stage, ils devaient le trouver eux-mêmes et, si les plus dégourdis n'ont rencontré aucune difficulté, il y en a qui, trois jours avant le début de cette formation, ne savaient toujours pas chez qui ils iraient et ne s'en souciaient pas plus que ça. Mais enfin, les voilà partis, contents d'abandonner pour un temps cahiers et livres de classe.

Certains, bien entendu, ont opté pour une activité qu'ils pratiquent déjà à temps partiel en dehors des heures de classe et je savais d'emblée que Nébocha irait travailler chez l'employeur de son père – qui a bien voulu se charger aussi de Mehmet – et Yétrin sur les marchés avec son père, son oncle et ses cousins. Fatmana et Samye, dont il était évidemment exclu qu'elles aient le droit de sortir du collège, sont embauchées à la cuisine de la demi-pension et nous les voyons tous les jours, sérieuses, affairées, sous leurs petites toques blanches réglementaires. Farida et Rachida ont proposé leurs services à la directrice de l'école maternelle la plus proche, Corinne faisant la même chose dans un village voisin. Aline travaille à la cafétéria du « Géant Casino », Christelle dans un magasin de mode de Montbéliard, Nathalie à la mairie de son village. Samir, qui n'avait rien trouvé parce qu'il ne cherchait pas, a pu être accepté aux ateliers municipaux de la commune et Békir qui répétait inlassablement « J'sais pas où aller, M'dame, mais ça fait rien, je préfère venir en classe », est apprenti auprès de l'homme de service du collège. Il n'y a eu aucun problème pour Emmanuel qui rêve d'être chauffeur routier – mais le pourra-t-il avec sa vue défectueuse ? – et se trouve en stage chez un transporteur ni pour David employé par un électricien. Mais j'ai eu bien du mal à faire admettre à la maman de Michel que son fils était comme les autres gosses et devait comme eux se familiariser avec le monde du travail avant de faire un choix professionnel. Enfin, le voilà parti chez un boulanger, trouvé par sa mère, alors que lui rêve de devenir maçon !

Aujourd'hui, j'ai rendu visite à quelques uns des nouveaux stagiaires en question, tandis que Colette en visitait d'autres. Si ça se passe bien pour la plupart des filles – mais Aline et Christelle étaient toutes deux absentes à leur poste cet après-midi et n'avaient pas founi d'excuse... – il y a quelques problèmes avec les garçons. On se plaint à la mairie de la nonchalance de Samir qui veut bien regarder travailler les autres en mâchant du chewing-gum mais n'envisage absolument pas de faire quoi que ce soit. Le garagiste qui a la charge de Nébocha et de Mehmet trouve que l'association des deux lascars n'est pas des plus fructueuses. L'employeur d'Emmanuel aimerait qu'il soit moins désordonné et ne sait plus trop quelle tâche lui confier.

Mais le pire, c'est David, bien sûr, et j'ai passé un moment bien délicat auprès de l'électricien chez lequel il travaille... David arrive en retard, perd les tournevis, casse les lampes, emmêle les bobines de fil, renverse les boîtes de clous, confond tout, mélange tout, s'énerve, hurle, prétend tout savoir et épuise employés et patron. Ce dernier aurait bien voulu se débarrasser sur le champ de cet encombrant personnage et j'ai passé plus d'une heure à le convaincre de garder encore à l'essai mon David dûment chapitré et auquel j'ai fait promettre de regarder mais, surtout, de ne toucher à rien. Je reste malgré tout inquiète : peut-on vraiment se fier aux promesses de David ?

Quant à Michel, terrorisé par les coups de gueule du soi-disant gentil boulanger que connaissait sa maman, il a des gestes de somnambule maladroit, fait la plonge toute la journée et pose sur toutes choses des yeux trop grands dans son visage blême de fatigue. Tiendra-t-il malgré tout jusqu'à la fin du stage ?

Mon inquiétude s'épuise autour de ces adolescents dont certains, dans moins de six mois, entreront en apprentissage. La fatigue me ploie la nuque et rend plus sourde l'obscurité que secrète la forêt qui m'environne et d'où jaillit soudain une bête en plein élan dont les jambes fragiles franchissent le talus et qui court, aveuglée, à la rencontre de mes phares. Et j'ai beau freiner de toutes mes forces dans un sursaut rageur, je sais, je sais avec certitude que ça ne suffira pas, que le chevreuil et ma voiture vont à la rencontre l'un de l'autre, du fond des temps, de toute éternité.

Il y a un choc brutal quand la fine tête fuselée heurte l'aile de mon véhicule qui bascule un instant, suspendu, puis retombe lourdement tandis que la forme blanche arrachée à la nuit se jette au fossé. Je claque la portière, je me précipite vers le bas-côté. Elle est là, à jamais figée dans la lumière des phares, la jolie femelle dont le museau de velours noir saigne la vie sur un lit de fougères que la pluie a rouillées. Je me suis agenouillée, incrédule. Je caresse à deux mains le corps encore chaud et déjà déserté de tout bonheur comme de toute souffrance. Est-ce moi, vraiment moi, qui ai donné la mort à ce chevreuil accouru du profond des bois et dont le galop insouciant s'est brisé sur la tôle froide ? Dans deux mois, les premiers bourgeons auraient tenté ses lèvres pâles, son ventre de peluche beige se serait roulé dans la mousse, le soleil aurait allumé une danse dans ses yeux grands ouverts sur la vie arrêtée.

Ployée sur le talus où la boue et les feuilles mortes se collent à mes vêtements, je pleure silencieusement mon regret lourd, ma fatigue dure, toutes mes angoisses, toutes mes questions.

CHAPITRE 14

Le stage, ils l'ont vite oublié. Quelques uns, farauds, en ont parlé avec des airs de bravaches, comme d'une aventure tumultueuse dans le monde des adultes, mais la plupart s'en sont défait d'un coup d'épaule, heureux de revenir aux rives bien protégées de l'enfance. Travailler, ils n'en ont certes pas envie et, dès leur retour, ont brossé de la situation qui fut la leur quinze jours durant un tableau bien sombre. Il fallait se lever tôt ; prendre le bus ou pédaler à vélo ; c'était salissant, fatigant, pas marrant ; il y avait à balayer, nettoyer, laver, ranger ; on était tout sale, avec du cambouis plein les mains... se plaignent les garçons. Les filles, de leur côté, n'ont pas aimé non plus faire ménage et vaisselle plus encore qu'à la maison mais, dans l'ensemble, sont satisfaites de l'air de liberté qui a soufflé sur leur vie.

Yetrin, lui, n'est carrément pas revenu au collège. Au bout de huit jours d'absence non excusée, son père a été convoqué par la conseillère à laquelle il a déclaré que « la famille va déménager à Lyon, que Yetrin a quinze ans et qu'on a besoin de lui ». L'école obligatoire jusqu'à l'âge de seize ans, ce n'est pas son problème, au-revoir madame. Malgré moi, mes regards se portent vers la place favorite de Yetrin, contre le radiateur auquel il s'accotait pour sommeiller à l'aise. Yetrin à la parole chaotique et que j'ai peu connu parce qu'il ne se livrait pas.

– Y manque, hein M'dame, Yetrin ? dit Békir qui m'observe. Il ajoute :

– Ça fait tout vide... Mais c'est la vie, hein, faut s'habituer !...

Michel non plus n'est pas là, tombé malade au cours de sa deuxième semaine de stage, et lui aussi je le cherche des yeux, comme une poule inquiète surveille sa couvée et s'étonne de lui voir occuper moins de volume dans la basse-cour. Pour un peu, je dirais aux autres de se regrouper afin de mieux sentir leur force et leur chaleur, afin que les places vacantes ne pèsent pas si lourd.

Le stage, il aura au moins servi à les faire se colleter avec un métier que, peut-être, ils idéalisaient et qui, finalement, les tente peu ou, au contraire, à les conforter dans l'idée qu'ils ont fait un bon choix. Nous pouvons maintenant commencer à envisager leur orientation future avec un peu plus de réalisme et les expédier, les uns après les autres, auprès de la conseillère d'orientation. Des ébauches d'avenir prennent forme, qui sont souvent encore, hélas, des coups de cœur et qu'une parole maladroite suffit à effacer. Un second stage paraît désormais plus que nécessaire pour affiner leurs décisions et les confronter une nouvelle fois à eux-mêmes, à leur bonne volonté, à leurs capacités dont ils ont souvent une idée bien fausse.

Un second stage... Mais quand ? Quand l'organiser ? Mars est là, qui étire le fard de ses crépuscules tout en ombres violettes sur les paupières des jours qui allongent. Mars est là qui grenaille sur nos têtes des giboulées brutales ; elles noient d'un seul coup la cour du collège et les prairies qui l'enclosent dans un remous gris-blanc que le vent malmène et jette à brassées contre les vitres. Les moineaux qui nichent dans un creux du mur à hauteur de la troisième fenêtre crient menu, éperdus.

Puis, d'un coup de projecteur, le paysage s'anime, pailleté de gouttelettes aiguës que le soleil irise à la pointe des branches. La couche de neige déposée par la main fantaisiste de la bourrasque brille, légère et courte, poudre translucide qui souligne les toits de festons aériens et habille de fleurs immatérielles les buissons encore nus. L'herbe se nimbe d'une dentelle arachnéenne qui s'amenuise vite sous le soleil déjà chaud. En moins d'une heure tout s'efface, les bruns s'avivent, les verts chantent plus cru sous le morceau de ciel bleu délivré par les nuées.

Mais un vent rageur, descendu des Vosges, assemble du fond de l'horizon de nouveaux nuages qui roulent, noirs et lourds. Tout recommence, le spectacle est permanent ! Mars est là qui énerve les gosses et rend les classes difficiles à tenir l'après-midi. Le second trimestre s'affole en hypothèses d'orientation, en réunions de toutes sortes, en moyennes, en bulletins à remplir. Je convoque les parents des élèves en difficultés – et, en CPPN, ils le sont presque tous par définition ! – et rentre souvent tard sur ma route sauvage qui s'ébroue et commence à sentir le printemps. Une mollesse des formes et des couleurs, une langueur presque charnelle rôdent dans la campagne qui se désengourdit.

C'est le moment que choisit Jean pour m'annoncer qu'il a décidé de ne plus travailler. Jean est l'homme des décisions aussi soudaines qu'inattendues. Au cours de nos neuf années de vie commune, je l'ai vu abandonner son emploi de frigoriste dans une grosse entreprise d'électroménager pour s'établir à son compte restaurateur de meubles anciens, s'adonner à la culture biologique, élever des poules, puis des lapins, puis un cochon qui sentait si horriblement mauvais que nous n'avons jamais eu le courage de le saigner, puis oublier tous ses projets agricoles pour aménager un camping-car avec lequel nous devions sillonner l'Afrique. Mais de continent africain il n'y eut point et il se lança avec quelque talent dans une bande dessinée dont le projet tôt avorté nous laissait des planches de vignettes...

Pourtant, malgré ces engouements subits, il continuait à réparer des meubles et il y avait en permanence, dans la grange et les fenils, quelques armoires anciennes, un ou deux buffets, des séries de chaises, un rouet, une table de toilette... bref le contingent habituel de vieilleries et de pièces rares dont l'âme mutilée par le temps attendait que la main connaisseuse et aimante leur rendît vie. Bien sûr, à moins de travailler quinze heures par jour, le métier d'ébéniste n'était pas très rentable compte tenu des lourdes charges sociales et il était heureux que nous puissions aussi compter sur mon salaire d'enseignante.

Mais, somme toute, nous ne vivions pas trop mal ; nous étions à la campagne, dans une maison pas luxueuse mais sans vétusté ; Jean se plaisait au village et prenait plaisir à caresser le bois, duquel il faisait jaillir la beauté ; Marie aimait l'univers qui était le nôtre et, si je déplorais d'être souvent sur les routes, je m'en accommodais malgré tout. Alors... alors pourquoi diantre vouloir changer ? C'est la question que je pose à Jean, qui me répond, imperturbable :

– Mais pour changer, justement !

– Pour changer ?

– Oui, j'en ai assez de restaurer des meubles, c'est monotone, c'est toujours pareil.

– Mais tu disais toi-même qu'il y avait dans ce métier, comme dans tous les métiers d'art, une variété, une diversité qui...

– Je n'arrive plus à y trouver de diversité. Je me crève à la tâche pour pas un rond et en plus je m'ennuie !

– Et tu crois que, moi, je ne m'ennuie pas, parfois ?

– C'est ton affaire : si tu veux changer, fais-le.

– Tu parles ! Comme si c'était possible !... Et puis, même si ça l'était, je ne voudrais sans doute pas. Mon métier, je l'ai choisi, je l'aime, il me convient, j'ai l'impression d'y donner le meilleur de moi-même...

– Eh bien moi, j'ai le sentiment désagréable de m'user au boulot sans résultat !

– Sans résultat, tu exagères, tu fais du beau travail...

– Je veux dire : sans résultat pour moi, parce que j'en ai marre.

– Admettons... Et tu prévois de faire quoi ? Tu as trouvé une place quelque part ?

– Tu rigoles ! Je suis incapable de travailler à la botte de quelqu'un, tu le sais bien. Non, je vais finir tranquillement les restaurations que j'ai en commande, à mon rythme, à ma main, et en même temps j'écrirai un livre.

– Tu vas écrire un livre ! ? Mais tu détestes écrire et c'est moi qui fais tout ton courrier !

– Bien sûr, je ne sais pas écrire et je fais des fautes d'orthographe !

– Alors, comment feras-tu ?

– Tu m'aideras, voilà tout ; toi, tu sais écrire, tu as même un style très agréable.

– Et le temps, je le prendrai où ? C'est long l'écriture, c'est laborieux !

– Le soir, après souper, tu trouveras bien une heure ou deux pour travailler avec moi, au lieu de tricoter !

– Tu ne comprends pas ! Tricoter, c'est une détente... Les cours, les trajets, les copies à corriger, le repas à préparer en rentrant, les devoirs de Marie... C'est un rythme fou, tu le sais bien ! Le fauteuil dans lequel je m'installe devant la cheminée, ce tricot que j'empoigne, le contact de la laine ou du coton, ces gestes monocordes, presque mécaniques et, en même temps, ce vêtement que je crée, c'est quelque chose que j'aime, une détente dont j'ai besoin... Besoin de toucher avec mes mains et de savoir que, ce faisant, je fabrique...

– Ecoute, ça ne durera pas très longtemps, ce n'est pas un gros livre que je veux écrire... Et puis, tu ne m'aideras pas tous les soirs... Allez quoi, tu sais bien que j'ai besoin de toi !

– Tu ne m'as même pas dit de quoi il s'agissait...

– D'un ouvrage technique sur la restauration des meubles anciens. Un manuel de vulgarisation.

– Il y en a déjà deux !

– Bien sûr, il y en a deux, aussi mal faits l'un que l'autre, incomplets, confus, si mal écrits qu'on n'y comprend rien. Tu le sais bien ! Toi, tu es capable de rédiger un livre bien conçu, rigoureux, clair, agréable à lire, ce qui est important. Moi, j'ai les connaissances et je suis l'un des meilleurs restaurateurs de meubles de toute la région. De plus, je suis bon dessinateur, je pourrai faire des croquis, j'ai pas mal d'idées, je pense à des photos aussi... Notre association devrait donner un bouquin remarquable !

– Tu ne crois pas que tu es un peu optimiste ? Je ne suis pas très sûre de moi, tu sais, on ne s'improvise pas écrivain...

– Il ne s'agit pas de s'improviser écrivain mais seulement de me donner un coup de main.

– Tu parles d'un coup de main ! Ça représente des mois de travail !

– Là, tu exagères, quelques semaines tout au plus... Il n'y aura pas grand chose à écrire parce que, plutôt que du bla-bla-bla, je prévois des croquis bien faits et des tableaux récapitulatifs. Je t'assure, c'est juste une aide que je te demande... Tu ne vas pas me la refuser ?

– Tu sais bien que non... mais de quoi vivrons-nous ? Avec quoi paierons-nous les cotisations et les charges ?

– Les charges et les cotisations prendront fin dès que je serai radié de la chambre des métiers ; j'ai des commandes à livrer, je mets en vente le fourgon dont je n'aurai plus besoin et, ensuite, nous toucherons des royalties !

– Hum... Tu ne crois pas que tu vends la peau de l'ours...

– Laisse l'ours tranquille et sois un peu confiante ! Ce soir, on s'y met !

Désormais, mes soirées s'organisent en fonction de ce livre à naître qui, très vite, parce que je ne sais pas faire les choses à moitié, occupe mes pensées et me grignote chaque jour davantage ; embryon monstrueux que je porte dans ma tête et au bout de ma plume, qui se nourrit de mes facultés intellectuelles, de mon temps, de mon sommeil. Car ce n'est pas une heure ou deux que je donne à Jean chaque soir, mais quatre à cinq heures de travail sous la lampe, et nous nous couchons rarement avant deux heures du matin. Ce n'est pas un petit coup de main qui m'est demandé, mais l'organisation du manuel en chapitres, la mise en place d'une progression cohérente, l'écriture finalement d'une bonne soixantaine de pages...

Et que c'est dur d'écrire pour quelqu'un d'autre et combien je préférerais n'avoir à me soucier que de moi ! Car il me faut, au lieu de laisser la bride sur le cou à ma fantaisie, me plier aux demandes de Jean, m'efforcer d'être fidèle à ses idées, trouver, oh surtout, trouver le mot précis, le mot juste, le mot parfait qui ne défigurera pas sa pensée. Car Jean est d'une exigence qui met à rude épreuve ma patience et nous nous affrontons en des séances où la collaboration fait place à la vindicte. Epuisée, tendue, à bout de forces, je demande fatalement grâce ; hargneux, Jean me fait remarquer qu'on aurait pu « bosser encore une petite heure ! ». Mais j'ai juste le courage de gagner mon lit, de m'enfoncer dans un sommeil épais dont le réveil me tirera à six heures et demie : à huit heures, mes élèves m'attendent !

Pourtant, ce travail de forçats porte ses fruits et, début avril, nous sommes en mesure de prendre contact avec une maison d'édition spécialisée dans la publication d'ouvrages sur le mobilier. Notre projet enchante le responsable qui, au vu des pages déjà en forme, est prêt à nous signer un contrat d'édition et à nous envoyer sur place son photographe. C'est l'euphorie et, dans tous les cas, bien encourageant. Et j'ai grand besoin d'être encouragée tandis que je profite des vacances de Pâques pour achever le manuscrit.

Délicieuses vacances de Pâques qu'avril brode à petits points de boutons d'or ; Marie les cueille à foisons pour en bouqueter les vases. Marie se penche sur les touffes de grosses pâquerettes qui poussent épaisses, serrées, cultivées par la vieille voisine, et dont les pétales saignent par en-dessous d'un beau rouge framboise. Puis elle regarde les pâquerettes très ordinaires qui ont surgi dans notre pelouse et s'entrouvrent, jaunes et blanches.

– Qu'est-ce qu'elles ont les nôtres ? dit-elle, elles sont pas mûres ?

Douces vacances de Pâques, pleines de jonquilles que la brise balance comme des papillons qu'on aurait attachés, de tulipes ventrues d'un beau rouge criard, de pissenlits énormes qui meurent tôt cueillis. Déjà, la relève s'apprête : le forsythia s'est mis en feuilles, le lilas se boutonne, vert et mauve à la fois, et les fleurs du prunus sont prêtes à s'ouvrir. Déjà, c'est le matin de Pâques et Marie court en pyjama et bottes de caoutchouc dans le jardin tout perlé de rosée. Les cloches, qui s'étaient sauvées, seront-elles passées ? Auront-elles jeté chez nous leur provende de chocolats emmaillotés de papier d'argent et qu'une main coquine semble toujours glisser dans des endroits impossibles ? Les yeux brillants, Marie fait sa cueillette et emplit son panier d'œufs coloriés et de cocottes dont la trouvaille lui fait pousser des cris de joie. Déjà, la saveur de l'air, sucrée et mêlée de parfums de fleurs, met sur les lèvres des impatiences amoureuses et caresse les bras nus des premières tiédeurs.

Marc, le photographe de la maison d'édition, est notre hôte pour trois jours. Heureux de cette escapade à la campagne, il mitraille à tour de bras et fixe sur sa pellicule les travaux de Jean, bien sûr, mais aussi des silhouettes d'arbres, des pistils de fleurs, des vols de bourdons et la lente dérive des nuages effilochés dans le ciel douloureux du jour qui s'achève. Enjôleuse et câline, Marie en a fait son chevalier servant et s'est emparée définitivement de sa main qu'elle ne lâche guère. Il ne se lasse pas de la photographier, sous tous les angles et dans toutes les postures, et elle se prête de bonne grâce et même avec coquetterie à cette attention qui la flatte. Quand il a fini ses prises de vue avec Jean, elle lui fait visiter le village et commente pour lui ses modestes attraits.

Je les regarde, le grand jeune homme rieur et la petite enfant. Elle a cueilli un bouquet de fleurs mincelettes, qui courbent déjà la tête au-dessus de ses doigts, et l'interroge :

– C'est quoi, ça, comme fleur, Marc ?

– Heu... Ça, tu sais, je ne vois pas trop... Les fleurs, moi, je ne suis pas très... pas très...

– Compétent ? Tu n'es pas très compétent ?

– Oui, c'est ça, je ne suis pas très compétent.

– Moi non plus, allons demander à maman, elle, elle est drôlement compétente en matière de fleurs !

Marc et moi échangeons un regard, un sourire de connivence. Conversation surprise, conversation volée, langage dont nous nous délectons pareillement. Ne nous a-t-elle pas dit, hier, contemplant son genou couronné où, à la suite d'une chute de bicyclette, s'est formée unc grosse croûte de sang séché :

– Vous avez vu ? C’est tout croustillant !

Et puis Marc repart, emportant dans ses valises ses rouleaux de photos, les croquis de Jean, mon manuscrit achevé. Le livre sortira le mois prochain.

CHAPITRE 15

Mai est riche de fleurs mariales dont se parent petitement nos pruniers, modestes et vieux, et le mirabellier intrépide. Dont se pare surtout le cerisier, énorme, opulent, qui grandit dans le verger voisin mais pousse chez nous des branches somptueuses ; elles neigeront dans notre cour leurs pétales arrachés au moindre coup de vent. Ah, il est beau, le cerisier, mais menacé. Ni par les vents, partis jouer ailleurs à mâcher de la branche et broyer de la fleur, ni par les terribles « saints de glace » qui saccagent en mai les récoltes à venir. Menacé par un garage : eh oui !

Comme j'ouvre la porte-fenêtre qui met à portée de main le jardin et ses oiseaux, un cri me fige, ce matin :

– Ah non ! Ne touche pas au cerisier !

C'est Alice, la voisine, qui a crié ; elle a une voix cassée que l'émotion éraille.

– Tu entends ? Je ne veux pas que tu touches au cerisier !

Je n'entends pas ce que lui répond son mari, peut-être rien. Il y a seulement des bruits de seaux, de bassines heurtées, de manches de râteaux ou de pelles. Puis, la vieille voix reprend :

– Ecoute, le cerisier, tu sais bien, c'est le père qui l'avait planté... A la naissance de Marguerite... Elle était gaie, Marguerite, toute pleine de rires... Elle avait bien raison de rire, parce qu'après !... Quand elle est morte, le père a empoigné la hache et l'a jetée contre le tronc du cerisier. Elle a vibré la hache, longtemps, et le tronc a saigné, et le père, il pleurait...

– Tu parles, grogne le voisin, ça lui faisait une belle jambe, à la Marguerite, dans son cercueil !

– Je sais bien... mais c'était la colère contre... contre l'injustice, elle avait dix-sept ans, Marguerite... Après, quand l'arbre a pleuré sa sève, le père l'a soigné, avec du goudron... Il a fait un emplâtre... A l'endroit du coup, le tronc est resté boursouflé...

– Je sais, je sais... C'est tout grumeleux !

– Quand le père le regardait, il pensait à Marguerite et moi, quand je le regarde, je pense au père, au passé...

– Oui, mais tu l'as dit, tout ça, c'est du passé ! Le cerisier, il gêne... D'ailleurs, il sert à rien !

– Comment, il sert à rien ? Il donne des fruits !...

– Tu parles, grand comme il est, il devrait donner dix fois plus ! D'ailleurs, on s'en fout, on n'aime pas les cerises !

– Mais la petite Marie, à côté, elle les aime, elle ! Elle appelle ça les boucles d'oreilles aux oiseaux...

– Allez, arrête tes foutaises ! Le cerisier, il gêne, je l'abats et, à la place, je fais un beau garage en dur ! En plus, le bois de cerisier, ça brûle bien...

Le reste de la conversation se perd dans un cliquetis de porte vitrée que l'on ouvre, dans un traînement de grosses galoches. Je regarde le cerisier en sursis : il offre à mai ses fleurs japonaises qui palpitent, transparentes, comme autant de petits ongles nacrés. Le cerisier, le cerisier de Marguerite, je voudrais bien qu'il ne l'abatte pas, le vieux Georges, surtout au profit d'un garage...

Grande effervescence dans le couloir qu'ils obstruent de belle façon: David bourre de coups tous ceux qui passent, Aline a de vastes moulinets des bras et des cris perçants, Emmanuel parle plus haut que tout le monde et même Farida, même Nathalie, semblent avoir perdu leur calme. Je m'attends au pire et je me dépêche d'ouvrir la porte de leur classe pour qu'au moins, s'il y a eu drame, nous réglions ça entre nous. Point n'est besoin de leur demander ce qui se passe: ils sont tous prêts à me le raconter !... Mettons un peu d'ordre là-dedans.

– Allez, asseyez-vous... Asseyez-vous ! Vous savez bien que je n'accepterai jamais que vous parliez tous à la fois ! Asseyez-vous et levez la main pour prendre la parole !

La main... ils l'ont tous levée ! Ça va être commode !

– Fatmana, tu veux parler ?

– Ben madame... Samye, c'est le dernier jour qu'elle vient au collège, son père y veut plus.

– Pourquoi ? Il déménage lui aussi, comme Yétrin ?

– Non, c'est parce qu'y a le bébé...

– Dis-moi, Samye, c'est pendant que ta maman sera à l'hôpital, c'est ça ? C'est normal, tu sais...

Mais Samye secoue sa tête qu'elle tenait obstinément baissée depuis qu'elle est allée s'asseoir à sa place.

– Alors quoi ? Réponds-moi, Samye, c'est à toi de m'expliquer...

Le visage qu'elle relève est taillé dans le marbre gris de la révolte et sa voix se fraie difficilement un passage dans sa gorge nouée:

– Ma mère, elle est rentrée de l'hôpital avec le bébé, et mon père, il a dit qu'on n'a pas besoin de moi à l'école et qu'on a besoin à la maison. Et puis il dit que je sais assez de choses, que ça sert à rien tout ça pour m'occuper des enfants. Alors, demain, je viens plus à l'école.

– Veinarde ! crie Emmanuel, si seulement c'était moi !

– Ah tu es vraiment le roi des malins, toi, y a pas à dire, lui lance Nathalie.

– Oh ça va, s'excuse Emmanuel conscient de la gaffe, c'était juste pour rire...

– Ben justement, dit Aline, c'est pas rigolo. Tu aimerais quitter le collège pour faire la bonniche, toi ?

J'interroge :

– Ton père a prévenu le Principal, Samye ? Tu sais que l'école est obligatoire jusqu'à seize ans...

– Mais mon père il s'en fout. J'ai quinze ans, après y a les vacances, le temps que tout le monde réalise, j'aurai presque seize ans... Alors, l'école, c'est fini.

– Et ça t'embête tant que ça, de ne plus y venir ?

Elle lève sur moi ses yeux violets où la colère a fait place aux larmes.

– L'école... Madame... c'était la liberté...

Je pense au cerisier condamné par le vieux Georges et qui donnait pourtant une multitude de fleurs et de boucles d'oreilles aux oiseaux. Je pense à Jean qui attend le premier exemplaire de son livre. Il fait bien froid, et tellement sombre, ce matin !

– Allez, éclairez, on n'y voit rien ici ! Lumière ! On va improviser une petite fête pour Samye...

A chacun elle dit au-revoir, embrassant les filles, serrant la main des garçons d'un air gêné. Quand elle a franchi le seuil de la classe, c'est Michel, mais oui... Michel, qui lui a crié :

– On t'écrira, Samye, pour pas que tu sois seule !

Et c'est vrai que nous lui écrivons, selon la promesse de Michel. Quoi de plus naturel que de s'atteler à un travail épistolaire pendant le cours de français ? Nathalie, qui n'en loupe pas une, me lance :

– C'est tout bénéf. pour vous, M'dame ! D'accord, c'est pour Samye, mais ça nous fait faire des rédac, de l'orthographe, et en plus faut bien présenter !

– C'est vrai, vous apprenez à écrire une lettre ; dans la vie, vous en aurez, des lettres, à écrire !... Donc... c'est tout bénéf., mais pas pour moi, pour vous !...

– Et voilà, vous avez encore raison !

Je ris : cette Nathalie, perspicace et raisonneuse et dont le solide bon sens inspire du respect aux plus turbulents, m'enchante chaque jour davantage. Comme elle est différente de l'élève de sixième et de cinquième, butée, maussade et qui ruminait en silence ses échecs permanents ! Elle a l'intention de présenter un dossier pour être admise en première année de BEP secrétariat. Ses notes sont bonnes, les appréciations faborables, elle aura une place sans problème en Lycée Professionnel. Cette année de CPPN, qui a fait d'elle un être ouvert au dialogue et conscient de ses qualités, n'aura pas été du temps perdu. Il n'en est pas de même pour tous et, si les dossiers d'orientation de Nébocha, Mehmet et Samir, qui veulent entrer en mécanique générale, ne m'inquiètent pas trop, je me demande ce que vont devenir Emmanuel et David... Et Békir, tellement nonchalant, trouvera-t-il un apprentissage ? Quant à Michel, vraiment, il m'étonne. Son intervention au moment du départ de Samye n'est pas la première : voilà plusieurs fois qu'il participe activement à la classe, donne son avis, ose poser des questions et même se rebiffer ! N'a t-il pas l'autre jour remis vertement David à sa place, à la grande joie des filles qui ne manquent pas une occasion de huer le braillard ? Oui, il change, Michel, et sort de sa chrysalide informe, comme si l'atmosphère sécurisante de cette classe où l'on vit en famille, enfin, portait ses fruits. Il a déjà trouvé un employeur pour l'année prochaine – et pas dans la boulangerie, comme persistait à le vouloir sa mère, mais dans une entreprise de carrelage. Il suivra les cours du CFA de Sochaux où j'enverrai son dossier. Le CFA... ça m'inquiète bien un peu pour lui, mais ses ongles et ses dents auront encore poussé d'ici là : il saura se défendre !

L'énorme lettre collective rédigée pour Samye est enfin terminée, c'est Fatmana qui la lui donnera, devant l'école maternelle où elles attendent toutes deux leurs petits frères : mais nous répondra-t-elle ?... Le second stage en situation s'est achevé ; choisi avec davantage de discernement que le premier, il s'est généralement déroulé sans problèmes et me les rend contents d'eux-mêmes et de leurs employeurs. Je les sens prêts à écarter de leurs deux bras tendus les murs de cette classe qui leur fut durant tous ces mois matrice rassurante. Même Fatmana n'est plus tout à fait la même et, sortie de l'ombre de Samye, elle prend la parole, pouffe de rire dans sa main, secoue avec un brin de hardiesse ses beaux cheveux nattés. Elle aussi partira en Lycée Professionnel, avec

Aline, avec Farida et Rachida. Corinne et Christelle ont trouvé un apprentissage dans un salon de coiffure... Ils sont casés, mes drôles !... Eux qui doutaient tellement d'eux-mêmes, habitués qu'ils étaient à sécréter l'échec, se montrent plus confiants en leurs timides forces. Ils s'étonnent d'avoir changé, essaient ce vêtement nouveau que la confiance met sur leurs épaules, s'y meuvent à l'aise peu à peu. Esquifs légers qui tiraient des bords dans la baie, les voilà prêts à prendre le large : pourvu qu'ils aient bon vent...

CHAPITRE 16

Ce sont les braiements de l'âne qui m'éveillent. Ils me tirent d'un sommeil sirupeux où les cauchemars fulgurent en images délétères. Sommeil de noyée qui se voue à l'oubli pour ne pas sentir au long de son corps le désert de la place vide, pour ne pas entrendre le silence rôdailleur qui suscite des ombres au sein de la solitude. L'âne brait avec une désespérance qui m'entaille la chair. Souvent, Marie et moi allons lui rendre visite, au bord de la pâture où, attaché court, il tond un rond d'herbe qui change chaque jour. Nous lui parlons, lui disons de ces riens absurdes dont la mélopée est de compassion, nous glissons sous la clôture pour venir lui présenter, sur nos paumes grandes ouvertes, des croûtons de pain rassis, des épluchures de pommes de terre, une carotte, un fruit. Nous est-il reconnaissant, l'âne, pour nos gâteries ? Son braiement nous accueille, désagréable comme poulie qui grince ; son regard triste nous interroge, mais nous ne savons pas répondre à sa question. Nous caressons à pleines mains son pelage rêche qui sent la poussière et les graminées. Des croûtes entaillent le cuir, ses jarrets sont crottés, ses côtes saillent, les mouches viennent bourdonner aux commissures tendres de ses yeux. Nous rêvons pour lui des projets grandioses : on l'achètera, on le mettra dans le jardin, on lui donnera des vitamines... « Et ce sera mon ami, dit Marie, et je lui dirai tout, et il sera content chez nous, et je le monterai, comme dans « Les Petites Filles Modèles »... Car les livres de la Comtesse de Ségur – qui firent la joie de ma petite enfance avant que je me révolte contre ces enfants sages décidément trop sages et dont la perfection figée décourageait – enchantent les sept ans de Marie ; elle aime surtout la turbulente Sophie, dont les frasques la font rire aux larmes et lui envie l'âne que sa maman lui a acheté pour tirer sa voiture. Comme tous les enfants, elle aspire à ce compagnon chéri et dépendant – ânon ou poney de préférence, mais aussi mouton, pourquoi pas ? – sur lequel s'exercerait son autorité et se déverseraient ses élans de tendresse. Le compagnon fidèle, ne l'espérons-nous pas toute notre vie ? En tout cas, je me suis renseignée au village et l'âne n'est pas à vendre. Il est seulement en pension : en l'attente de quel destin ?

Faute de cheval dans le pré, Marie se contente, pour habiter ses mercredis et ses dimanches d'enfant unique, des chats de la maison. Chats vagabonds et fiers, qui plient l'échine vers la soucoupe de lait et ne dédaignent pas de venir ronronner sur le canapé que lèchent les clartés du feu de bois ; mais chats farouchement indépendants qui fuient la main trop insistante et miaulent impérativement devant la porte close sur la nuit tentatrice. Ils s'en vont des trois et quatre jours, reviennent comme si de rien n'était, la queue en accent circonflexe, les flancs creux.

– Ils viennent jamais sur les genoux, les chats, ils sont pas marrants... se plaint Marie.

– Et toi, tu as toujours envie de venir sur mes genoux ?

– Mais c'est pas pareil !

– Si, c'est pareil. Les chats sont comme toi, ils n'ont pas forcément envie qu'on les prenne dans les bras, qu'on les serre, qu'on les empêche de faire ce qu'ils veulent. Ils aiment leur liberté.

– Et toi, tu as toujours envie ?

– Envie de faire ce que je veux ?

– Non, envie d'aller sur les genoux ?

– Tu sais... moi, je suis grande !

– Oui, mais tu es plus petite que papa, tu peux aller sur ses genoux...

Elle ajoute, après un temps de réflexion :

– Mais c'est plutôt lui qui n'a pas trop envie que tu y ailles, hein ?

La perspicacité de Marie qui se nourrit du moindre geste, de soupirs, de chuchotements, de traces de larmes mal essuyées, m'émeut et me gêne tout à la fois. On n'échappe pas à ses enfants. On vit sous leurs regards d'entomologistes, insectes à chaque instant disséqués par leurs questions exigeantes.

– D'abord, papa, où il est ? reprend-elle d'un ton accusateur.

– Je te l'ai expliqué, il est à Paris.

– Et pourquoi il est à Paris ?

– Tu le sais bien, pour son travail.

– Mais avant, il partait pas à Paris, pour son travail !

– C'est vrai.

– Alors pourquoi maintenant il y va ?

– C'est un peu différent...

– Tu n'es pas drôle, tu sais, me lance-t-elle. Tu me réponds mais tu ne me parles pas ! Si tu crois que je ne vois pas comment tu fais !... Tout ça, ça date de son premier voyage à Paris. Moi, j'aime pas qu'il soit allé à Paris !

Est-ce que ça date vraiment de ce voyage à Paris que Marie incrimine ? Jean s'est rendu au siège de la maison d'édition pour la sortie du livre. Il en est revenu avec une poignée d'exemplaires, un chèque de trente mille francs et un magnifique léopard en peluche dont l'achat avait un peu écorné le chèque neuf. Elle a regardé le trop beau jouet avec cet œil suspicieux des femmes trompées auxquelles leur mari gêné offre tout à coup trois douzaines de roses rouges. Elle a eu vers son père un élan vite maîtrisé, lui a dit « merci » du bout des lèvres, puis elle est dignement montée dans sa chambre, laissant Jean suffoqué puis carrément furieux.

– Non mais, qu'est-ce qui lui prend, a-t-il grondé, c'est tout le plaisir qu'il lui fait, mon cadeau ? ! Voilà des mois qu'elle bave d'admiration devant la minable panthère du supermarché ! Je lui rapporte un léopard qui est une petite merveille et elle le regarde à peine !... Les gosses, je vous jure !...

– Tu es souvent absent depuis quelque temps... Tu pars à droite, à gauche, elle n'est pas habituée, ça l'inquiète...

– J'ai tout de même le droit de me déplacer pour mon bouquin, non ?

– Jean... c'est vraiment à cause du bouquin que tu n'es presque plus jamais là ?...

Alors, Jean avait raconté...

A Paris, il en avait profité pour passer dans diverses maisons spécialisées dans la vente de produits d'ébénisterie. Il leur avait annoncé la sortie de son livre et proposé des séances de vulgarisation, des journées de vente et démonstration... Intéressés, les directeurs avaient établi un planning, contacté les succursales en province. Jean se faisait fort d'intéresser aussi les salons de brocante et antiquités et commençait à avoir un calendrier bien chargé. Je m'étais insurgée :

– Tout de même, tu aurais pu m'en parler !

– Oui, bien sûr, mais j'avais envie de m'organiser tout seul, sans me sentir plus ou moins tenu en laisse.

– Et... tu commences quand ?

– La semaine prochaine, je pars à Bordeaux.

L'âne brait toujours dans le matin pâle qui glisse à travers les volets disjoints sa caresse fraîche. La fenêtre ouverte me livre la route où roule un tracteur, la cour des voisins où tintent des seaux, les soupirs du gravier qui crisse sous les lourds sabots à courroie qu'enfilent les vieux sur leurs pantoufles pour aller dans les potagers. La terre bien grasse colle à leurs semelles qu'ils raclent à la lame du couteau pointu qui jamais ne les quitte. Les yeux ouverts sur le vide de la chambre, j'écoute les bruits rassurants de la vie familière. Des effluves d'asphalte à peine mouillé, de feuilles de houx, de bois lentement caressé par le soleil de juin, se glissent jusqu'à moi et font reculer dans l'ombre l'odeur de pommes sûres qui descend du grenier, marche à marche. La vie s'installe, tranquille, au cœur de la belle journée qui prend ses aises et agace de ses parfums mes narines sensibles. Malgré moi, je cherche, aux plis du drap, la senteur d'un corps d'homme, la trouble moiteur de son aisselle quand se lève le bras au-dessus de la tête, la douceur précise de la peau odorante au bord des tempes, à la racine des cheveux fous, yeux clos, peau en alerte, souffle suspendu, je cherche une bouffée de parfum, demeurée peut-être aux chiffonneries de dentelle de l'oreiller voisin du mien et dans lequel j'engourdis nuit à nuit ma détresse. Mais l'étoffe n'a retenu qu'une vague odeur de lessive et, du dormeur enfui à six cents kilomètres de là, il ne subsiste rien.

Le soleil, qui appuie plus fort sa patte molle de bête heureuse sur la façade close et se faufile dans la chambre par toutes les rainures du bois, éparpille au flanc de la commode de jolies bulles de lumière, féerie blonde qui pleut doucement sur le chêne bien ciré, s'accroche aux cabochons de cuivre des tiroirs, sort de l'ombre la porcelaine désuète du broc et de la cuvette aux guirlandes bleues. Quelle jeune femme en jupon et camisole les utilisa jadis ? Le temps est révolu des ablutions frileuses en corset délacé et c'est vêtue d'un pyjama de Jean, trop grand pour moi, que je tourne dans la chambre, irrésolue, frissonnante malgré la tiédeur matinale : mais on a toujours froid quand le cœur déraisonne.

Ai-je tort de m'inquiéter de la nouvelle orientation que semble prendre notre vie ? L'absence de Jean me pèse, Jean laconique au téléphone et qui s'inquiète seulement des démarches que j'ai entreprises en vue de la vente de la maison. Car il est bien évident – du moins pour lui – que cette ferme, dans laquelle il n'est plus question qu'il exerce quelque talent d'ébéniste que ce soit, il faut la vendre !... Apre discussion que celle qui nous opposa trois jours avant son départ et nous heurta toute une longue nuit. J'objectais que ces journées de diffusion ne dureraient qu'un temps et qu'il aurait peut-être envie, ensuite, de reprendre son métier.

– Ça, jamais de la vie !

– Admettons... mais tu voudras sûrement créer à nouveau quelque chose ! Tu n'as pas une âme de vendeur !

– Tu n'en sais rien !... D'ailleurs, on m'a laissé entrevoir un débouché sur Paris si tout marche bien...

– Tu aimerais, toi, t'installer à Paris ?

– Pas spécialement, mais il faut voir... On peut faire un essai et après tu demandes ta mutation !

– Pour Paris... ça ne m'amuserait guère... Tu imagines le changement d'existence ! De toute façon, j'ai encore une année scolaire à faire ici, et il faut bien loger quelque part !

– Nous prendrons un appartement en ville, une location, quelque chose qui soit plus près du collège, plus pratique pour toi quand je ne serai pas là.

– Mais Jean... Cette maison, c'est la nôtre, on l'a sortie de l'abandon, retapée, pendant des années...

– Justement, moi j'en ai marre, dans ces vieilles baraques il y a toujours à faire, et je ne veux plus faire. Et même s'il n'y avait pas ce job, la maison, je la vendrais. Ce village, cet état d'esprit mesquin, j'en ai soupé ! Dans cette maison, je ne peux plus m'y voir !

– Pourtant, rappelle-toi, ça te plaisait tellement, ce coin de monde au milieu des bois... tu as insisté si fort pour que nous venions y vivre...

– Oui, c'était comme ça, on change, voilà tout.

– Et Marie ? Elle a sa vie, ici, son école, son amie Céline, les chats, le jardin...

– Ce n'est pas grave : à sept ans, on oublie vite.

Sur ce dernier point, je sais qu'il a raison et que quelques jours suffiront à Marie pour détacher d'elle les lambeaux de sa petite enfance au profit des attraits que lui offrira la ville. Plus grave me paraît cette soif de changement qui hante Jean depuis des mois et sape les bases de notre vie même. Abandon du métier, de la maison... que va-t-il rester de nous ? Le nomadisme qui excite mon mari ne m'attire guère et j'appréhende les bouleversements qui menacent notre vie villageoise et routinière. Moi qui suis si peu quitteuse, il me va donc falloir délaisser ces murs patiemment redressés, ce jardin arraché aux orties où boutonnent les roses et s'enchante le vent. Quitter cette maison où j'avais cru, à l'orée de la maturité, bâtir enfin une famille bien enracinée à la terre de ses habitudes. Quitter notre chambre trop vaste où un lustre aux pendeloques bleues tintinnabulait et s'épuisait à dénicher les ombres tapies au long des murs ; notre chambre vieillotte où s'était fait l'amour, fenêtre ouverte sur les nuits d'août, dans un flux de marée qui gémit au rivage, où s'était fait l'enfant dans l'ardeur partagée.

Un refus lourd de toutes les pierres transportées pour daller les allées du jardin, de tous les bois de charpente décapés, de tous les rouleaux de papiers peints encollés sous la lampe, un refus lourd des larmes de sueur qui gouttent sur le visage au plus noir de l'effort et des ampoules qui crevassent les mains monte au long de mes flancs. Moi dont les grands-parents traversèrent toute l'Europe avant de devenir de piètres provençaux aux yeux toujours tournés vers les ciels de l'Ukraine ; moi qui ai dû quitter Marseille où mon enfance avait marqué ses pas, moi qui avais espéré un enlisement animal au cœur des habitudes, je sens mon corps se recroqueviller, apeuré, incertain. Quoi ! Devrai-je m'arracher à l'écrin de forêts où s'endort chaque soir le village esseulé, à la floraison des balsamines contre le mur de grès rose, aux promesses secrètes de l'été à venir, aux mésanges nichées sous les lattes de la toiture ? Une révolte impuissante me noue la gorge tandis que je parcours la maison, errant d'une pièce à l'autre, recensant les plaies et les bosses en ma mémoire laborieuse pour ne jamais les oublier ; me cognant aux portes, aux poutres, somnambule aveuglée par les regrets et qui caresse de la main les murs déjà perdus. La mélopée du jamais plus, lancinante, me serre les tempes et habite mes nuits. J'appuie mon front au chambranle de la porte de la salle de bains ; il est de sapin vieux, doré par les années et les soleils, poli par le passage des mains caresseuses qui se sont attardées, marqué d'encoches régulières bien fignolées au crayon gras et qui disent, mieux que sur un mètre, Marie grandissante, Marie collée au bois de la nuque aux talons, occupée à gagner les précieux centimètres. Mon front, mes lèvres, mes yeux clos cherchent la trace des années, hument l'odeur vive d'arbre prisonnier. Je ne pourrai pas emporter avec moi le chambranle de porte... Je laisserai ici l'enfance de Marie, dans ces traits de crayon qui, mieux que des photos, m'ancrent dans la certitude tactile que nous avons vécu et qui ne parleront pas à ceux qui vont prendre notre place. Le chambranle de porte, un jour, par d'autres que nous, sera repeint.

Je me musse au coin le plus sombre de la cheminée, pelotonnée au creux protecteur de mes genoux entre mes bras noués ; j'allume un feu gourmand qui croque et craque joliment, sous l'œil réprobateur de ma fille : « Mais il fait chaud, c'est presque l'été ! Tu as froid, toi ? » C'est vrai que j'ai froid. J'ai l'âme bleue et le cœur gourd. La danse des flammèches tire de l'oubli notre premier hiver dans la vieille maison ; le chauffage central n'était pas installé et le cœur flamboyant de la maison figée au maëlstrom de la bise, c'était la cheminée. On s'y rôtissait les reins au milieu des courants d'air, on y grillait les châtaignes aux odorantes pétarades, on y séchait le linge qu'elle nous rendait tout raide, parfois troué d'étincelles. Le soir, on gavait le foyer pour conserver longtemps des braises. Au plus dur de janvier, dans les nuits caillouteuses où pétillent des étoiles, on se levait pour recuire à la cendre un gros quartier de chêne qui s'étouffait un peu mais dont les tisons, au matin, faisaient palpiter la flambée nouvelle. Les pierres restaient chaudes, on s'y tiédissait les doigts ; la poutre frontale noircissait, se creusait de plaies dans le bois éclaté ; une odeur de brûlis, de chicots de forêts, habitait en permanence le séjour et la cuisine, collait à nos vêtements, nous léchait la peau. L'été suivant, des radiateurs et des tuyaux avaient pris place le long des murs, une chaudière laquée de rouge s'était installée dans la grange et son grand cœur artificiel, dans un bruit de soufflet de forge, avait relayé la cheminée devenue pudiquement chauffage d'appoint.

Taciturne, je rôde dans les fenils auxquels on accède par une échelle en bois ; de barreau en barreau, je monte dans l'odeur d'anciennes fenaisons dont sont nourris leurs murs et leurs planchers disjoints. Des vieilleries boîtent çà et là, qu'il faudra brûler sans doute, des cartons amollis par les neiges qui se sont infiltrées perdent leurs entrailles de paperasses moisies ; les toiles d'araignées que j'écarte du coude s'alourdissent de poussière et bougent dans la lumière. Lumière grise que verse par les lucarnes le matin jeune, lumière d'or du plus chaud de midi que l'on cueille à la main sur les pierres du mur, puis qui s'orange et s'alanguit dans le soleil dormant.

Grimpée sur une chaise crevée, je me hausse jusqu'à la petite ouverture ménagée dans le toit : elle me livre le jardin chevelu de graminées déjà hautes, et le bleu qui me blesse d'un gros buisson de centaurées, juste à l'aplomb du mur ; elle me livre la feuillaison épanouie des arbres fruitiers pleins de froissements de branches, de fuites éperdues, de vrombissements d'insectes et, là-bas, les toits du village que chauffe à blanc le soleil montant au ciel étale. Au-delà des maisons, la route tranche net la masse des prairies et file d'un coup de reins vers la forêt à l'orée de laquelle elle s'arrête, indécise, en un entrelacs de sentes diverses. Il en est une dont je connais le cheminement gavrocheux au milieu d'une hêtraie profonde, dont j'ai grappillé les mûres à tous les ronciers, dont chaque ornière, croûteuse, boursouflée, m'est familière. Nous y avons, Marie et moi, si souvent poursuivi nos rêves, nous avons joué à nous y perdre, nous avons inventé des légendes pour chacun de ses buissons, chacune des racines un peu bizarres qui barrait notre route de ses fantasmagories. Je quitte le fenil couverte de poussière et l'âme endolorie comme après un naufrage. Les chats, fouineurs, quêteurs, reniflent mes mollets, pirouettent dans l'ombre douce de la grange. Marie surgit, les joues trop rouges d'avoir couru à travers le pré et me toise, mécontente : « Tu es bien sale ! Où es-tu encore allée traîner ? Tu traînailles, tu vadrouilles ! Mais qu'est-ce que tu as ? ! ». La vie m'absorbe. J'abandonne derrière mes épaules la grange fraîche, franchis sa porte, haute et ronde et qu'ourle de grappes lourdes la glycine qui s'accroche au mur. Elle est pleine de vent qui froisse les pétales veinés de mauve pâle, elle est pleine d'abeilles affairées. Sucrée, vivante, son odeur fait palpiter mes narines, me clot les paupières, me poursuit dans la cuisine.

Envoyés par le notaire, des acheteurs viennent visiter. Ce sont généralement des couples jeunes ; ils ont des carnets pour prendre des notes, des mètres pliants, des projets plein la bouche. Ils me tendent sans le savoir un miroir dans lequel je me revois quelque dix ans plus tôt. Ils ont des enthousiasmes néophytes et des certitudes qui m'émeuvent. J'ouvre pour eux des portes, les fais pénétrer dans ma vie même qu'ils violent un peu sans songer à mal. Ils ont des questions sur tout – auxquelles je réponds avec bonne volonté. Avec espièglerie parfois. Très vite, avec hypocrisie. « L'école ? Mais oui, bien sûr, il y a une école ! Oh, c'est parfait... Sauf que, bien sûr, c'est une école à classe unique... On y fait la scolarité qu'on peut... Le supermarché, il y en a un à Lure... Quinze kilomètres... Et, question prix, pas terrible ! Très bien chauffée la maison, oui, mais un peu humide, tout de même, c'est forcé, le terrain n'est pas très bien drainé... » Ecœurés, ils s'en vont. Je jubile. D'autres visiteurs se présentent, que je tente pareillement de décourager. Je rêve tout haut : si personne ne voulait de la maison, si l'on ne vendait pas, si...

Les jours de clairvoyance, je mesure la puérilité de mon attitude, l'inanité de mes efforts. Jean va rentrer, qui prendra très vite les choses en main et trouvera, tambour battant, un acheteur. Mais je persiste à feuilleter ma vie, refusant de tourner la page, refusant de fermer, d'un coup sec, l'album, refusant que vienne l'automne qui rougira la vigne vierge : quelle main aimante rebroussera ses feuilles en une caresse consolatrice avant que de mourir son temps ne soit venu ?

CHAPITRE 17

– Non, ça ne va pas. Tu dois ar-ti-cu-ler. Recommence !

– Tout ?

– Oui, tout, bien sûr, retourne en coulisses !

Aline me lance un regard assassin et bougonne qu'elle en a marre et que c'est trop trop difficile. Traînant les pieds et les épaules frustrées, elle regagne ce que nous appelons pompeusement les coulisses. Car, depuis quinze jours, nous faisons du théâtre. A la suite de la mystification du vagabond qui avait fait germer en eux des espoirs de mise en scène, ils m'ont réclamé, souvent, de jouer et, ensemble, nous avons théâtralisé des textes courts, des poèmes fantaisistes, de brefs dialogues. Séances qui les enchantaient, où leur mémoire faisait enfin violence à leur paresse, où leur timidité se réfugiait sous le masque du personnage, où les plus délurés donnaient libre cours à leur verve et devenaient des héros. Ils n'ont pas oublié un seul instant leur envie de monter une pièce en fin d'année et je les ai embarqués dans la lecture de « Knock ». Ils ont d'abord trouvé bien longue la conversation du premier acte entre Knock et Monsieur Parpalaid et commençaient sérieusement à faire la grimace devant cette pièce où il n'y avait que quatre personnages. Mais je savais que la consultation du docteur, qui occupe l'essentiel du second acte, serait à leur goût. Il fallait, bien entendu, prévoir des coupures, afin que la longueur du texte à mémoriser ne soit pas pour eux un handicap. Il fallait distribuer les rôles, entreprise redoutable au cours de laquelle ils risquaient de se déchirer. Il fallait enfin résoudre le problème du rôle de Knock lui-même, car il était évidemment exclu de le faire apprendre à un seul : c'était beaucoup trop long.

David avait proposé qu'il y ait « deux ou trois Knock qui se ressemblent pour que personne s'aperçoive qu'on a changé ».

J'avais expliqué que l'idée de plusieurs Knock était, certes, la solution mais qu'il ne fallait pas vouloir tromper les spectateurs en essayant de leur faire croire qu'il y en avait un seul.

– Alors on fait comment ?

– On prend des volontaires, qui ont vraiment envie de jouer Knock, et chacun joue une scène différente.

– Ça peut même être des filles ?

– Evidemment ! Quelle importance ?

– Mais Madame ! Knock, c'est pas une femme !

– Knock... c'est un mythe, c'est un personnage, celui du docteur. Peu importe qui joue le rôle. Il suffira que tous les Knock aient la même grande blouse blanche et les mêmes petites lunettes rondes, par exemple.

– Et quand on change, avait dit Békir, on éteint les lumières, comme ça personne elle voit rien...

– Mais, bougre d'idiot, puisqu'on te dit que ça fait rien qu'on voie !

– Alors on change, comme ça, devant tout le monde ?

– Ben oui.

– Mais c'est pas beau !

– C'est vrai, M'dame, on va faire comment, puisque Knock il reste tout le temps en scène ?

– Voilà ce qu'on va faire... Etant donné qu'on a décidé de ne pas prendre le spectateur pour un idiot en essayant de lui faire croire qu'un seul acteur joue le rôle alors qu'il y en a plusieurs, on ne va pas non plus lui raconter des sornettes au moment du changement de personnage. Au contraire, on va lui montrer qu'on change. Je prends un exemple: Knock raccompagne la dame en noir, la paysanne. Il va avec elle vers la porte, il l'ouvre, et il reste là, immobile, la main sur la poignée de la porte grande ouverte. La paysanne ne bouge pas non plus. Il faut que la scène soit figée. Comme si le temps s'était arrêté, vous voyez ? Au bout de quelques secondes, un autre Knock entre du côté opposé, traverse toute la scène et vient prendre la place du premier Knock, en conservant exactement la même attitude. Et il joue la suite. Et les spectateurs admettront très bien qu'on a changé d'acteur mais pas de personnage !

– Vous croyez que ça sera bien comme ça, M'dame ? avait lancé Nathalie, soupçonneuse.

– Je crois, oui.

– Après tout, c'est vous le metteur en scène, hein ? Si on se plante !...

Elle avait eu quelque chose de vaguement Ponce Pilatien pour me faire comprendre « qu'après tout » elle s'en lavait les mains et ma suggestion avait été adoptée avec Mehmet, Nathalie, Corinne et Michel dans le rôle de Knock. Oui, Michel, qui avait levé un doigt décidé quand j'avais demandé quels étaient les volontaires et nous avait tous étonnés par la quasi infaillibilité de sa mémoire – lui qui, tout au long de l'année, avait eu tant de mal à apprendre ses leçons ! Nébocha s'était proposé pour jouer le rôle du tambour de ville – « Mais vous m'en donnez pas trop à apprendre, hein, M'dame ? – et Farida celui de la dame en noir ; mais il avait fallu supplier longuement Aline pour qu'elle consente à incarner la dame en violet et sa bonne volonté était malheureusement inversement proportionnelle à ma patience et à ma mansuétude ! Quant à David et Emmanuel, ils étaient prêts à donner toute leur démesure dans les rôles des deux gars benêts et éthyliques. Avec Békir et Samir aux projecteurs et accessoires, l'équipe était au complet vu qu'ils n'étaient plus que douze... Christelle et Rachida nous avaient quittés, la première embauchée dans son salon de coiffure pour tout l'été, la seconde d'ores et déjà partie en vacances en Tunisie. Equipe malhabile, pour laquelle le théâtre était chose vague et stéréotypée et que le texte à dire obsédait ; comment leur faire admettre que le silence aussi était théâtre et que le souffle et le regard avaient du poids aussi bien que les mots ? Exercices de respiration, d'élocution se succédaient, qu'ils boudaient, mécontents, rêvant prestations ronflantes et costumes...

Pourtant, en quinze jours, ils ont bien progressé et, si Aline s'obstine à débiter son texte à l'allure d'un microsillon quarante-cinq tours, les autres font des efforts méritoires pour, non seulement se rendre compréhensibles, mais glisser dans leur discours cette respiration seconde qui permet de passer du récité au médité.

– Allons, Aline, fais un effort !... Nous l'avons bien étudiée ta dame en violet, rapelle-toi ce que nous en avons dit...

– Elle est veuve, elle s'habille en violet...

– C'est une snob, une dame chic, elle emploie des grands mots, dit Corinne.

– Elle boit du champagne ! crie Békir.

– Ah bon ? Comment tu sais celà ?

– Elle dit qu'y a du sable dans le champagne.

– Mais non, idiot, hurle David, ils disent qu'ils sablent le champagne !

– Alors elle est où, le sable ?

– Ecoute, Békir, c'est une expression, sabler le champagne, ça veut seulement dire boire du champagne à l'occasion d'un repas, d'une fête... Mais ce n'est pas la dame en violet qui fait cela, au contraire, elle dénonce les marchands de cochons qui le font. Elle, elle ne vit pas comme celà, d'après ce qu'elle dit.

– Elle, elle boit du thé, elle invite même le docteur, dit Aline.

– Oui... Et tu l'imagines comment ?

– Elle croit que tout le monde l'admire, dit Nathalie, elle explique au docteur que tout le monde la surveille, elle dit que ses geste sont... je sais pas le texte, moi, c'est comment déjà ?

– Mes moindres gestes sont commentés et observés, dit Aline.

– Voilà, c'est ça, et elle dit que c'est normal ! Elle est drôlement prétentieuse quand même !

– Ce qui nous intéresse, c'est de savoir sur quel ton elle s'exprime, cette dame en violet, comment elle marche...

– Elle doit parler un peu... un peu snob quoi, dit Nathalie. Avec des hauts et des bas dans la voix, un peu du genre « Oooh, ma chèeere... Si vous savieez... »

– T'as qu'à faire la dame en violet, crie Emmanuel.

– Non, moi je suis Knock ! Allez, Aline, vas-y, quoi !

– Faut que je fasse une voix comme ça ?

– Pourquoi pas ? C'est amusant, non ?

– Pour les spectateurs, oui ! Mais moi, j'ai l'air de quoi ?

– Tu as l'air de la dame en violet, ce qui est en somme ce qu'on te demande ! N'oublie pas, Aline, que sur scène tu n'existes pas. Tant que tu voudras exister, tant que tu voudras rester Aline, tu te sentiras ridicule parce que tu te verras jouer. Et tu ne pourras pas jouer juste ! Oublie qui tu es, Aline ! Il y a seulement la dame en violet !... Allez... concentre-toi, vas-y !...

Et les heures filent, trop rapides, dans des envols d'oiseaux qui picorent aux pelouses. La tension monte et se touche du doigt sur les visages ardents. Les voix prennent de la force et les regards sont durs. Les quatre Knock ont pris les mêmes tics et Aline elle-même s'est laissée modeler par son personnage. On peut enfin penser éclairages et costumes, rêver un peu dans les fous rires retrouvés. Parfois, Colette vient nous rejoindre ; elle regarde évoluer les acteurs, silencieuse, attentive, pose une ou deux questions précises, disparaît, surgit une heure plus tard, des étoffes au bout des doigts. Elle sait comme pas une faire d'un rien de tissu un costume farfelu qui tire l'œil et accroche la lumière. Discrète, efficace, elle empoigne un gosse, ajuste sur lui la glissante guenille, épingle à petits gestes, coupe, recoupe, s'éloigne, sourcils froncés, pour juger de l'ensemble et repart en son antre du premier étage pour parfaire son œuvre. Peu à peu naissent de l'ombre les accoutrements des deux gars voyous et mal fringués, la tenue proprette de la petite bonne, la robe de la dame en violet avec ruchés et dentelles, boutons de jais sur moire satinée... Cabotins et conquis, les acteurs se mirent et s'admirent dans ces nouveaux atours ; je les fais jouer en costumes pour que ceux-ci leur collent à l'âme en même temps qu'à la peau. Comme ils sont beaux, mes drôles, sous la lumière croisée des projecteurs que manœuvrent Samir et Békir : vraiment, sont-ce les mêmes ?

Et qui sont-ils, ce soir, dans le réfectoire du collège aménagé en salle de théâtre et qui bourdonne de ce chuchotis de ruche heureuse qu'offre toujours une salle de théâtre, si modeste soit-elle ? Beaucoup d'élèves sont venus assister à la représentation, mais aussi quelques parents et un certain nombre d'enseignants. La nuit de juin, lourde, parfumée de rosiers et de pelouses fraîchement arrosées, entre par la porte grande ouverte ; il fait chaud sous les néons encore éclairés ; le public, impatient, s'agite ; allons, il faut commencer !...

Je les regarde tandis qu'ils jouent. Non, non, ce soir, ils ne jouent pas, ce soir ils vivent et vibrent, devenus autres, jeunes étrangers que métamorphose la transe qui les porte. Ce soir, ils ne jouent pas, ils crient leur joie et leur victoire, ils dénoncent l'échec qui les guettait et n'a pas fait d'eux sa pâture. Ce soir, ils soulèvent l'enthousiasme et orchestrent les rires, dépossédés d'eux-mêmes, délivrés de ma tutelle, qu'ils rejettent enfin comme on ôte de soi un vêtement devenu trop petit et dont le corps se libère, jaillissant nu dans la lumière. Et moi, tandis que s'échangent les dernières répliques et qu'ils saluent sous les bravos, j'assiste à leur naissance qui m'écartèle. Depuis plus de neuf mois que je les porte à bout de cœur, ils se sont tant et tant nourris de moi qu'ils m'ont usée et épuisée. Et cependant, déshabitée de leur terrible présence, je me sens brutalement mutilée. Je regarde mes mains vides, leurs visages radieux, la salle qui se désemplit, les projecteurs qui s'éteignent sur les dernières paillettes de la fête. Je me sens lasse comme après un accouchement et pareillement solitaire ; le baby-blues me met aux yeux des larmes et me fait l'âme endolorie. Ne connaîtrai-je donc jamais la quiétude, la quiétude délicieuse et nonchalante qui fait hausser les épaules avec désinvolture ?

Dans la salle encore sonore de la présence presque palpable des spectateurs enfuis et où se redépose, en vagues, le silence, dans la salle que vient visiter, follet, un petit vent de nuit, nous empilons les chaises, démontons les projecteurs, plions les costumes devenus dérisoires. Ils ont des gestes lents et las, des rires qui s'éteignent en cascatelles, des « Et tu as vu quand moi... ? Et tout le monde applaudissait ! », de longs soupirs. Toutes les trois phrases, ils m'interpellent : « C'était bien, hein, M'dame ? », désirant ma joie à l'unisson de la leur.

– M'dame, vous dites rien, se plaint Aline. Vous trouvez que c'était pas bien ?

– Mais si, c'était formidable. Vous avez été merveilleux.

– Alors pourquoi vous dites rien ?

– Parce que... Parce que c'est fini et que j'ai le cœur gros. On a tellement peiné pour monter cette pièce... Tous ensemble... Vous avez fabuleusement bien joué... Mais, maintenant, la fête est finie... C'est un peu comme la mort de quelque chose qui était nous, notre groupe, et ça me donne le cafard. Et puis... Ce n'est pas seulement « Knock » qui s'achève... C'est aussi la fin de l'année et, l'an prochain, vous ne serez pas là... C'est un adieu, ce soir !

– On n'habite pas loin, on reviendra vous voir, vous savez, dit Békir.

– C'est vrai, on reviendra, promis ! crie Emmanuel.

– On vous écrira ! ajoute Corinne.

Je ris :

– Ça, je n'y compte guère, je vous connais trop bien !...

– On s'est bien entendu quand même, hein, M'dame, toute cette année ! dit Nathalie. Pourtant, au début, c'était pas la joie, ni pour nous ni pour vous. Au début, on s'aimait guère !...

Terrible Nathalie qui sentait toutes choses et m'a si bien mise à nu, observatrice impitoyable en quête d'attention et d'amour peut-être ? Nous avons rangé le désordre heureux de notre soirée. Dans la cour déserte, nous faisons des ronds qu'emporte le temps, ne sachant comment nous déprendre les uns des autres. Et puis, la nuit nous avale, nous éparpille et nous rend à nous-mêmes. Marie, épuisée, s'endort sur la banquette arrière de la voiture et je creuse, du faisceau de mes phares, une trouée dans la campagne. Des insectes à peine entrevus viennent se coller au pare-brise ; le vent tiède caresse ma joue à la vitre entrouverte ; je roule tout doucement, nageuse aux membres abandonnés dans les abysses du silence et qui respire lentement pour laisser mieux descendre en elle la paix montée des bois et des prairies fauchées. Fin d'année. Délivrance. Mais aussi vacuité un peu angoissante du temps distendu à l'extrême, de l'esprit enfin vagabond. Je croise des phares qui répondent aux miens. Appels dans la nuit, qui jalonnent ma route de signaux silencieux lancés à des inconnus qui n'en ont cure. Monde clos de la voiture, cellule repliée sur elle-même et qui suscite la solitude.

Un tunnel de verdure nous prend en ses arcanes ; la route se hisse jusqu'au village ; bientôt les premières fermes, bientôt la nôtre qui nous attend, yeux grands ouverts. Vite, vite, ma maison, ma maison encore un peu mienne, que je ferme tes volets, que j'allume tes lampes, que je te fasse phare sur la mer des forêts !... Marie, à présent bien éveillée, s'est échappée vers la grange : sans doute est-elle allée voir son pensionnaire. Car, depuis une semaine, un petit lapin habite les clapiers, restés vacants après l'avortement des projets fermiers de Jean. C'est la femme du docteur qui nous l'a donné ; elle l'a trouvé devant chez elle, enfermé dans un sac poubelle, comme ces bébés dont on se débarrasse parfois dans les grandes villes. Ne sachant que faire de la petite bête au cœur affolé, au poil en émoi, et connaissant notre disponibilité en cages de tous acabits, elle m'a téléphoné. Dix minutes après, nous installions sur un lit de foin le bébé lapin affolé, maigrichon et que Marie baptisait sur le champ Bisou. Depuis, elle le soigne avec passion, lui verse eau fraîche et pâtée de son, lui apporte force carottes et feuilles de salades ; mais il ne mange guère et dépérit plus qu'il n'engraisse malgré les bons soins et les douces paroles.

Un hurlement retentit dans le couloir ; la porte claque à la volée ; Marie, hoquettante, s'abat dans mes bras, psalmodiant « Bisou, maman, Bisou !... » Point ne m'est besoin d'être devin : Bisou est mort, bien sûr. Pleure, Marie, pleure ton petit lapin. Ta vie sera jalonnée d'autres cadavres. Il meurt tant et tant autour de nous. Nous mourons tellement nous-mêmes.

– Maman, maman, Bisou est mort et moi, j'étais pas là !...

– Tu sais, il est mort tout doucement, en dormant, il était malade... Il ne s'en est pas rendu compte...

– Oui, mais moi, j'étais pas là ! C'est ma faute !...

– Mais non, ce n'est pas ta faute. On ne peut rien sur la vie et la mort, c'est plus fort que nous.

– Mais il est où, Bisou, maintenant ? Tu crois qu'il a une âme ?

– Bien sûr : une âme de petit lapin !

– Alors il est où ?

– Au paradis des lapins sans doute...

– Et il est heureux ?

– Evidemment ! Il est sûrement plus heureux qu'en cage... Et puis, tu as vu, il était malade, il ne mangeait pas, ce n'était pas très drôle comme vie pour lui...

– Mais tu crois qu'il m'aimait ?

– Bien sûr, il te connaissait bien, il venait renifler tes mains dès que tu ouvrais sa cage !

– Alors, il a été un peu heureux grâce à moi ?

– Mais oui...

Elle reste silencieuse un instant, a un grand soupir tremblé, et me demande, hésitante :

– On va le mettre où, Bisou ? Pas à la poubelle ?

– Mais non, quelle idée ! Nous lui creuserons une tombe au fond du jardin... Et, dessus, nous planterons une touffe de fleurs, tu veux ?

Apaisée, elle monte se coucher. Oui, demain, nous enterrerons Bisou, dans ce coin de verger où pourrissent déjà un vieux chat et un petit hérisson. Nous laisserons à Lomont ces infimes cadavres. J'y laisserai aussi ma confiance enfuie et mes forces vives, mon espérance assassinée et le fantôme d'une jeune femme au ventre lourd, plein de promesses, sous les pruniers rhumatisants.

CHAPITRE 18

Galet au milieu des galets, pétrifiée par le grand soleil, je bois la lumière qui pétrit mon corps et dessine sous mes paupières closes des myriades d'étoiles bleues sur fond de velours orangé. De mes membres pesant sur les galets polis, de mes mains alanguies comme étoiles de mer, je me fais épave échouée, ourlée de sel comme une algue oubliée. Des vagues minuscules, traversées de soleil, parlent à tout petit bruit aux cailloux qu'elles rudoient à peine, d'une caresse longue qui les pousse au rivage. Quelques éclats de roche brillent, adamantins, sous le ciel cru, entament le regard, qu'ils renvoient aux ténèbres. Parfois, une risée, née tout au bout du Cap Morgiou, nourrie de voiles frissonnantes qui s'amollissent derrière elle, retrousse la robe de la mer qui jette une vague plus âpre ; elle me lèche les pieds de sa langue fraîche et un frisson délicieux parcourt ma peau qui se hérisse avant que de s'abandonner, plus lourde encore, à la chaleur. Rien ne bouge, la crique est déserte à cette heure encore jeune du matin neuf. Les pins, muselés, n'ont pas un murmure ; rugueux et tordus, ils brûlent en silence sous l'écorce squameuse de leurs troncs déjetés. Les cigales, multiples et invisibles, broient de la limaille en un chant continu que l'oreille ne perçoit même plus tant il est la respiration même de la calanque violentée par l'été, de la terre provençale à qui le soleil fait l'amour, dans un gémissement sensuel et monotone. Des mouettes vont et viennent dans le grand bleu du silence, se posent sur un bout de falaise, s'y incrustent, hiératiques, à contre-ciel. Elles ne bougent plus, sculptées à vif. Puis un appel rauque les arrache à la pierre et elles s'envolent d'un coup, ailes largement étalées, pour aller retrouver d'autres mouettes aux abois éraillés, qui les encerclent et les emmènent.

L'été en moi tue toute pensée. Animal repu de chaleur, je vibre à petites ondes et ne sais plus souffrir ni craindre. Amnésique bienheureuse, je n'ai ni maison ni famille, ayant détaché de moi les dernières bribes de soucis et de souvenirs qui me taraudaient l'âme. La ferme... oui, la ferme est vendue, la promesse de vente signée, ce n'est plus qu'une question de semaines. Où irons-nous ? Je ne sais pas, nous verrons bien, nous trouverons un logement en location, en attendant. En attendant quoi ? Je ne sais pas, en attendant, voilà tout. Jean diffuse son livre, il n'avait pas envie de partir en vacances. Je suis à Marseille avec Marie et Céline, sa petite amie ; elles vivent dans l'eau leur histoire d'amour d'enfants qui s'adorent et se jalousent. Elles prennent la couleur si jolie des abricots qui se veloutent. Elles ont des rires de sources et des secrets énormes qu'elles se chuchotent et qui m'excluent.

Je m'arrache à la gangue de torpeur qui me cloue à la plagette ; je me redresse sur un coude qui chavire ; je cherche des yeux les deux fillettes. Seuls, leurs tubas jumeaux – antennes noires cerclées d'orange d'un bizarre monstre marin – marquent la place où elles nageotent doucement, entre deux eaux, d'une palme paresseuse qui froisse à peine la surface. Parfois apparaît un bout de bras, brun et luisant, ou la jolie rondeur d'un petit derrière à peine vêtu de nylon. Elles disparaissent dans un double plongeon de canards, creusent un sillage léger qui les ramène à la rive, sortent de l'eau dans de grandes éclaboussures. Elles ont des trésors plein les mains, des rires que se renvoient les parois, des cris de faim, de soif, dès qu'elles ont arraché leurs masques, des chevelures ruisselantes qui leur font des reins de sirènes. Je vais chercher, dans le creux de rocher bien ombreux où je l'ai déposé en arrivant, le pique-nique : les sandwiches dont le pain croustille, les tomates fraîches dans lesquelles nous mordons à pleine bouche et dont le jus gicle sur le menton avec les graines. L'eau est glacée dans la gourde en fer, qui, tout le matin, s'est balancée sur la mer, attachée court par un brin de ficelle.

Je n'ai plus faim, la grosse chaleur coupe l'appétit ; mais les enfants ont ouvert un paquet de gâteaux et grignotent, allongées à l'ombre, croquant de la même dent gourmande paroles et biscuits. L'eau me tente, qui miroite sous le soleil vertical ; je pourrais faire la traversée jusqu'à l'îlot du Torpilleur, y prendre pied, y rêver un peu, face au large...

– Je vais nager, ne vous inquiétez pas et ne bougez pas de là, d'accord ?

Elles acquiescent vaguement, complètement indifférentes, absorbées par leurs multiples projets de fillettes heureuses, et je m'éloigne. A Sugiton, l'eau est toujours fraîche, brassée par les remous qu'affolent les rochers, renouvelée par la grande profondeur. A Sugiton, le pied précautionneux venu tâter la vaguelette est aussitôt saisi par le froid coupant qui encercle la cheville d'un anneau étroit. Le corps, brutalement violenté quand le ventre, puis les épaules, sont happés par l'eau qui tue le souffle en se refermant sur eux, le corps malmené et heureux rassemble toute sa puissance et se livre au bonheur sauvage de lutter contre la lame aiguë qui le force et le fouaille. A Sugiton, le nageur, s'il se retourne, voit disparaître la crique qu'enserrent de leurs grands bras de roches les parois qui s'étagent jusqu'au bleu du ciel, pâli par la grosse chaleur. A Sugiton, la beauté à fleur de lumière prend l'esprit en sa main et le laisse muet, séduit, à jamais bouleversé.

Des pensées confuses accompagnent ma nage tandis que mon front en étrave brise l'eau transparente où passent des poissons minuscules ; la main croit toujours les saisir et ils fuient, véloces, vers des gouffres d'ombre verte où dorment les algues. Le soleil taille des pierreries à la surface, les fait éclater devant le regard en kaléïdoscope d'aigues-marines. L'îlot du Torpilleur offre à mes doigts partis en reconnaissance ses flancs visqueux que tapissent des mousses roses, douces au toucher, vivantes, moelleuses. Je tâte d'un orteil suspicieux la plate-forme où je prends pied, craignant l'oursin caché aux pointes acérées. Je me redresse dans la lumière où mon corps longuement frissonne : le monde est un jardin entre le ciel et l'eau.

Marie et Céline, qui guettaient mon retour, viennent à ma rencontre, bruyantes, joueuses, avides de galipettes et de prouesses, désirant la bataille, poussant des cris de chiots. Je leur propose :

– Vous voulez visiter un passage secret ?

– Un quoi ?

– Un passage secret.

– Un vrai, comme dans les châteaux ?

– Pareil, mais en plus petit.

– C'est où ?

– Dans la mer, un peu plus loin, là-bas...

Je les emmène vers la rive Est de la calanque où, bien dissimulé par une avancée rocheuse, s'ouvre un petit chenal, obscur et frais. C'est un peu une grotte et un peu un tunnel, ça tient du souterrain, du gouffre marin, de la rivière. On nage en eau profonde puis de plus en plus claire sur un lit de petits cailloux où s'enfoncent les mains, les pieds. Et, tout à coup, c'est le grand jour ! On débouche dans une chambre ronde qui ouvre dans la paroi une jolie fenêtre ; deux pas d'escalade et on prend appui sur la roche inclinée, dans la blanche lumière et le chant des cigales. Contraste entre le boyau étroit où le corps se meut doucement dans le clapotement de la mer qui bat comme un cœur et l'éclatant soleil qui cueille à nu le visage étonné. Arrachement à l'ombre protectrice, naissance douloureuse et bienheureuse tout à la fois. Les filles pépient, charmées par le lieu insolite.

– Et on repart comment ?

– Comme tu es venue ou bien directement par la mer.

– On peut plonger ?

– Bien sûr !

– Et c'est un secret ? Il faut pas le dire ?

– C'est un secret puisque tout le monde ne le connaît pas.

– Et toi, cet endroit, qui c'est qui te l'a montré ?

– Moi ?... Je ne sais pas... Il y a tellement longtemps...

Qui me montra un jour le passage secret ? Quel ami, plongeur souterrain, randonneur des quatre saisons ou grimpeur de plein ciel, me fit cadeau un jour de cette matrice marine où s'apaise le corps redevenu foetus ? Tant d'années ont passé qui relèguent dans une autre vie ma jeunesse méridionale et me font orpheline à jamais ! Ma vie m'apparaît comme une sorte de gâteau, un de ces gâteaux marbrés dans lesquels se succèdent les couleurs ; on coupe des tranches, c'est toujours le même gâteau et, pourtant, ni la texture ni le goût ne sont les mêmes. Ainsi en est-il de ma vie qui se découpe en tranches si différentes les unes des autres qu'il me semble que c'est une autre qui vécut jadis. Elle avait ma voix, mon visage, ma silhouette dans le soleil, mais elle m'est étrangère et lointaine et je ne la reconnais pas. Marie me tire de ma rêverie :

– Dis, maman, on retourne à la plage ?

Elle est si étroite, la crique, que les quelques familles qui sont venues s'y installer en début d'après-midi suffisent à la surpeupler. Nous nous sentons chassées du paradis terrestre. Céline nous chuchote avec des mines d'agent secret :

– On va dans le passage secret ? On sera tranquille !

Nous fuyons la petite foule qui nous a volé la quiétude, retrouvons le goulot de pénombre, la grande roche éclatée. Les fillettes vont et viennent, tantôt naïades, tantôt bestioles aggripées au rocher, jamais lasses de parcourir le même itinéraire. Et je nourris mon errance vacancière de tous les bruits que porte jusqu'à moi le vent léger descendu du vallon, des divagations d'un nuage au tissu du ciel, des jeux du soleil qui allonge jusque dans l'eau les ombres des pins. Peu à peu la journée s'apaise, se replie toute dans l'anse de verdure où s'attarde la lumière sur les rochers dorés. Allons, il est temps de regagner le plateau d'où nous contemplerons, une dernière fois, la calanque assoupie comme carte postale, de regagner la ville qui ne nous connaît plus et nous reniflera de toutes ses lumières.

Les jours passent, sans à-coups, sans faits et gestes : le temps semble arrêté. Le soir, Jean nous téléphone, il n'aime pas écrire ; il ne sait pas combien il peut être doux pour l'autre de serrer sur son cœur une lettre reçue où virevoltent entre les lignes d'indicibles mots de tendresse : ce n'est pas parce que c'est l'été qu'on n'a pas besoin d'avoir chaud à l'âme. Août s'étiole en des jours raccourcis où déjà fléchit la luminosité, en des envols de feuilles de platane que pousse un coup de vent, en des mitrailles d'eau qui taraudent la plage abandonnée. Après l'averse, la mer, dure et grise, luit comme du métal. Circonspects, les baigneurs restent sur le sable chaud ; ça joue au ballon, ça mange des pralines, ça bâtit des châteaux de sable tous les dix pas, ça lorgne les seins nus des filles brunies par le bel été. Marie et Céline font des pâtés, creusent des tranchées, que la mer envahit, que le sable boit goulûment, qu'elles recommencent sans cesse. Comme nos piaffants enfants peuvent se montrer patients devant l'inexorable répétitivité de la vague !...

Délaissant le livre apporté, j'écoute d'une oreille amusée les conversations des habitués de onze heures. Car cette plage de la Pointe-Rouge est populaire et familiale ; le touriste n'y est pas légion et elle est surtout fréquentée par les gens du coin, habitants des petites rues alentour. Quand nous y descendons, vers neuf heures, elle est presque déserte, toute ratissée de frais et, seules, les mouettes ont laissé dans le sable délicieusement humide la marque de leurs pattes qui dessinent des chemins de menues branchettes. C'est l'heure des fausses hésitations : où installerons-nous nos draps de bain, nos seaux, nos pelles ? Comme d'habitude, à côté du loueur de pédalos, qui somnole sous son grand parasol vert et blanc ! Petit à petit, l'espace se restreint autour de nous ; arrivent des enfants qui traînent leurs mères, des mères qui remorquent leurs enfants, des jeunes filles à transistors, des gamins à ballons. Tout ce monde-là va tâter l'eau qui grelotte en vagues courtes sur le sable, fait la grimace et demeure sur le bord. A dix heures, les haut-parleurs du maître-nageur-sauveteur souhaitent à tous une agréable journée, rappellent les consignes de sécurité et que « transistors, chiens et chevaux sont interdits sur la plage, même tenus en laisse ». Et puis, c'est onze heures, l'heure des pépés et des mémés qui prennent un bain rapide et regagnent aussitôt leurs maisonnettes biscornues sises dans les ruelles mal pavées qui descendent vers la plage à saute-ruisseau. Les mémés ont des robes à fleurs sous lesquelles elles apparaissent en maillot de bain noir qui comprime tant bien que mal leurs seins débordants et leurs fessiers rebondis. Il y a bien toujours parmi elles une chèvre maigre toute en côtes et en angles mais c'est denrée plutôt rare et l'opulence est de mise. Les pépés, eux, bedonnent un peu, flasques et pâles, au-dessus du slip à cordon ; ils ont des cuisses maigrichonnes, vidées de toutes substance, et des poitrines creuses.

Ils se saluent – embrassades, poignées de main – s'interrogent avec gravité sur la température de l'eau, reprennent la conversation interrompue la veille. Ils ont un accent marseillais qui fracasse les finales et déforme les diphtongues à la limite du compréhensible : Marie en bée d'admiration et s'essaie longuement à les imiter ; Céline n'a retenu que le terrible « ang » qu'elle accomode à toutes les sauces. Les pépés et les mémés se baignent, quel que soit le temps ; un bain rapide, un essuyage vigoureux et collectif, et puis une demi-heure de bavardage. On donne des nouvelles du fils qui est à Sisteron, on annonce le départ pour les Alpes, « maintenant que c'est plus calme, que les touristes y sont partis ». « Et puis, ajoute l'autre, ça a fraîchi avè les orages du quinze août, c'est plus agréable ». Ils sont unanimes : les Alpes, – les Alpes du Sud, bien sûr, les autres, on ne connaît pas ! – c'est le paradis sur lequel on se replie quand la canicule foudroie Marseille, « même que quand je suis revenue, en juillet, pour chercher les petits, oh vaï, j'ai cru mourir, je suis vite repartie le lendemain sans demander mon reste ». On parle beaucoup des « petits », ceux du fils, de la fille, du plus grand qui entre au lycée, du dernier qui va au collège, de la rentrée des classes, « le six septembre, tè, on n'a pas idée ; de notre temps, c'était le premier octobre et c'était pas plus mal, hè ?... »

Marie rêve tout haut :

– Ça serait bien, hein, maman, si on rentrait en classe le premier octobre ?

Je sens qu'un rêve de vacances ininterrompues lui chatouille le bout du cœur...

– Tu sais, quand j'étais petite, on rentrait en classe le premier octobre, c'est vrai, mais la fin des cours c'était le quatorze juillet ! Tu vois, ça revenait au même !

– Il faudrait qu'y ait pas d'école du tout, déclare

Céline, péremptoire.

– Oh, quand même, on s'amuse bien à l'école ! proteste Marie en enfant unique pour qui les récréations sont source de jeux partagés.

– Oui, mais y a les devoirs !

– C'est vrai...

Soupirs. Elles rêvent toutes deux un monde buissonnier.

– Vous savez quoi, les filles ? S'il n'y avait pas d'école, d'abord, il n'y aurait pas de vacances ; ce serait calme et monotone et l'on s'ennuierait. Ensuite, je n'aurais pas de travail et donc pas d'argent et vous ne seriez pas en train de faire des châteaux-forts au bord de la mer !

– S'y avait pas d'école, tu ferais un autre métier !

– Impossible : je ne sais faire que ça, enseigner.

Elles rient, pas dupes de la précarité de mon argumentation. Rhabillés, rendus à la civilisation après la quasi nudité de la baignade, les pépés et les mémés se séparent sur des « A demain ! » qui chantent. Demain, ils reviendront nager leur brasse courageuse et maladroite ; demain, le sable sera lisse et frais à l'heure des mouettes et du grand râteau de nettoyage ; demain, nous, nous serons parties. La mer aura le même langage sous le ventre des planches à voile, mais nous, nous écouterons la parole des prairies sous le vent courbe. Ah, ce cordon ombilical sans cesse coupé ! Je ne suis plus ni d'ici ni d'ailleurs. Détachée doigt à doigt de mon pays natal, ma main, pourtant, continue à s'y aggriper. D'année en année, ma Provence me devient étrangère. Ma Provence m'écorche l'âme. N'est-ce pas cela, mon ghetto ?

CHAPITRE 19

Au matin de la pré-rentrée, alors que mes futurs élèves profitent avec gourmandise de l'ultime jour de pure liberté, me voilà de retour au collège. Lassitude et satisfaction, nostalgie et fatalisme, sans doute mes sentiments sont-ils mêlés ; au bout de presque vingt années d'enseignement, il n'y a plus guère de curiosité, elle s'est émoussée au fil des habitudes et je sais qu'il n'y aura pas de surprise pour moi dans la pochette cartonnée que l'on m'a remise. Une classe de troisième, une de cinquière et la quatrième CPPN, comme je l'ai demandé. Eh bien oui, c'est moi qui l'ai réclamée, cette fichue classe ! Le principal, arguant du fait que j'avais accompli mon année de purgatoire, se préparait à en faire bénéficier quelqu'un d'autre, comme convenu. Sur ces classes-là, en général, on tourne, afin que ce ne soient pas toujours les mêmes qui s'y épuisent. Mais je me suis dit qu'une année m'avait à peine suffi à me familiariser avec ce type d'enseignement, à prendre conscience des difficultés, à mettre au point méthodes et « trucs » divers, bref... à me rôder ! Quel gaspillage si cet acquis ne servait plus à rien et si quelqu'un d'autre devait à son tour, laborieusement, tâtonner et cheminer dans l'ombre ; car, dans ce domaine, l'expérience des autres est de peu de prix et c'est tout seul que l'on doit apprendre. Reprendre la classe une deuxième année, forte de mes erreurs et de mes doutes, avec, en main, les atouts du vécu, quelle tentation !... Une tentation qui arrange tout le monde : alors, pourquoi n'y point céder ?

C'est ainsi qu'en ce matin de la pré-rentrée je consulte la liste des élèves de quatrième CPPN avec lesquels je devrai, coûte que coûte mais à ma demande, bâtir cette nouvelle année scolaire. Dix-sept noms, dont quelques uns de consonnance étrangère, dix-sept noms et, parmi eux, celui de Békir qui, refusé en Lycée Professionnel, nous est revenu. Davantage de garçons que de filles. Des gosses issus, pour la plupart, de classes de sixième, sauf deux yougoslaves montés tout droit de l'école primaire et mon Békir qui, somme toute, redouble ! La classe étant de mise à niveau, il me semblait exclu que l'on pût y séjourner deux ans. Mais après tout, pourquoi pas quand on est laissé pour compte ! Demain, je ferai leur connaissance, je saurai leurs visages, leurs regards. Je saurai surtout, mieux que l'année dernière, déposer en leurs mains ce qu'ils attendent de moi.

Sont passées les semaines, rondes et pleines. Les jours se sont bousculés et l'étoffe du temps s'est tissée, si serrée qu'à peine ai-je eu le loisir d'en voir filer la trame. Octobre largement entamé verse sur les prés une douceur soleilleuse qui bouleverse l'âme. La lumière pleut sur la rousseur des arbres qui déclinent dans les sous-bois tous les tons d'une palette si lumineuse que l'œil s'en étonne. C'est beau à en pleurer, beau à rêver un idéal partage, beau à donner désir de le cueillir précautionneusement et de le déposer en offrande sacrée sur les genoux de ceux que l'on aime.

Je m'attarde sur la route qui me ramène à Lomont ; j'arrête la voiture ; j'emplis mes yeux d'un pan de prairie penché sous le dernier soleil, d'un bouquet de hêtres dont les ors brûlent vifs, de la course jappante d'un jeune chien derrière trois moutons crottés dont la toison emporte des ronces, des méandres de la rivière glissant sous les saules rougeoyants. Je regagne la maison : encombrée de caisses, de containers, de cartons de toutes sortes, elle ne se ressemble plus et, déjà, dénoue nos bras qui la caressent encore, se détache de nous qui la croyons encore nôtre. Parfois, lasse de trier, plier, empiler, ranger, étiqueter, je pars courir les bois, tôt le matin, quand la brume enlise encore le village endormi et que les prés sommeillent sous une couverture de rosée épaisse comme un velours. Le pied laisse dans l'herbe blessée une empreinte vert cru et les bottes luisent, trempées. Dans une poche de la vieille veste de treillis enfilée à la hâte, j'ai glissé mon couteau « puma » et deux ou trois sacs roulés en boule. Je lutte contre le désarroi où me jette le déménagement en redevenant, pour une heure ou deux, la chasseresse impénitente de champignons que les chaudes journées coupées d'averses font odorants et dodus. Chien au nez sensible, je hume longuement ; yeux clos, je laisse mon visage s'imprégner des moiteurs du bois ; des cris d'oiseaux me hérissent la peau ; les mousses sont molles sous mes pas. Ça sent le ventre de la terre et les amours secrètes des bêtes bien cachées. Des clitocybes luisent dans une échancrure, je me penche, je coupe soigneusement le pied un peu duveteux, glisse ma cueillette dans un sachet, poursuis ma route. Ce sont les bolets que je cherche. Je sais avec quelle facétie ils se nichent au cœur noueux des racines, invisibles,insoupçonnables. Je les connais, caméléons qui jouent la bosse de terrain ou l'innocent caillou. Là... en voici un, peut-être... Ma main, quêteuse et curieuse, ma main frôleuse se glisse sous la cloque brune comme sous une robe ; ma main, tâteuse, violeuse, cherche d'un doigt attentif – tubes ? lamelles ? – et déflore la fraîche intimité ; ma main voleuse s'empare du champignon humide et charnu.

Je reviens, les bras tirés par mes sacs bien emplis, heureuse d'étaler sur la table ma provende, vaguement honteuse de l'avoir arrachée au doux frais du bois. Le soir, je prépare, fricasse, fais revenir aux échalotes, nappe de crème fraîche du champignon pour le repas. Marie proteste :

– Encore ? J'en veux plus !

– Mange ! Ça vient de la forêt, c'est bon !... La semaine prochaine, nous serons en ville... Il n'y en aura plus...

Vaincue par l'argument, elle ingère sa fourchettée de cèpes, trompettes et autres amanites vineuses.

Le cerisier a été abattu. Un garage tout neuf sort de terre, moellons et ciment mêlés. Le vieux Georges en est tout fier mais sa femme ignore avec rancune l'insipide cube de maçonnerie. Elle passe devant sans le voir. Le garage sera toujours invisible aux yeux d'Alice : à sa place, immarcescibles, tremblent les fleurs du cerisier. Elle s'approche de la clôture grillagée qui nous sépare, essuie à son tablier sa main toute jardineuse avant de me la tendre, soupire lourdement :

– J'ai mal aux reins !...

– Ça vous surprend ? Vous passez vos journées courbée vers la terre... Pas étonnant que vous soyez fatiguée !...

– C'est seulement que j'ai mal aux reins... Je dis aux reins, et je sais même pas vraiment où ils sont mes reins... C'est façon de parler... On dit j'ai mal aux reins, mais ce n'est pas les reins, pas les rognons... C'est bon les rognons, dans le lapin...

– Et les vôtres, de lapins, sont fameux !

– Ils sont bien nourris, c'est pour ça... Ceux de la dernière nichée sont déjà gros, je vais en tuer un pour dimanche. Les lapins, on les nourrit, on leur parle même, comme ça, pour rien, on sait bien qu'ils comprennent pas, mais on a l'habitude... Et après... le couteau... Vous savez, quand elle est morte, Marguerite, mon père a empoigné la hache et il l'a jetée contre le tronc du cerisier. Et le tronc a saigné et mon père pleurait...

– Alice, n'y pensez plus au cerisier...

– Le couteau, pour saigner les lapins. Ils ont le corps qui tremble et des yeux qui ne savent pas pleurer... Les lapins, je les aime, pas seulement en civet, pas seulement pour les rognons... Je les aime tout petits, au nid, peureux et muets, avec leur fourrure douce qu'on caresse du bout du doigt... Et même après, je les aime, même vieux. Et je les tue...

– Peut-être qu'on tue un petit peu ce qu'on aime ?

– Vous voulez dire : en se le prenant pour soi ?

– Oui... mais pas seulement... On use peut-être à force d'amour, on use, on détruit...

– Vous croyez, vous ? Vous croyez que j'ai pu tuer ma sœur Marguerite parce que je l'aimais trop ? C'est possible, hein, d'une certaine façon ? Et le père, je l'ai tué ? On a du sang sur les mains, comme pour les lapins. Du sang de la couleur des cerises blessées.

– Alice, ne pensez plus au cerisier...

– C'est pas moi qui y pense, c'est lui qui m'envahit. Le Georges, il a tué le cerisier... peut-être il m'a tuée aussi.

Je regarde s'éloigner Alice, les mains recroquevillées dans son tablier roulé. La maison, en la vendant, l'avons-nous tuée ? Tuons-nous les bêtes familières qui abdiquent leur liberté pour mieux partager nos vies que contraignent des murs et des interdits ? Et Marie, que mon amour, attentif mais absolu, façonne et incline malgré ma vigilance, et Jean qui piaffe et fonce en traînant derrière lui les barrières qu'il fait éclater, suis-je leur porteuse de mort ?

La clef est au fond de la poche de mon blouson ; elle m'a servi à fermer, pour la dernière fois, la porte d'entrée de la maison. Lourde clef dont je sens le froid grenailleux à travers la mince épaisseur de tissu et dont la forme familière imprègne par souvenance la paume de ma main. Marie et moi avons d'instinct évité la solennité du geste qui nous eût livrées sans défense au chagrin et c'est avec la plus parfaite banalité que nous avons tiré la porte sur les barbelures de souvenirs qui s'accrochaient aux murs, aux veines des plinthes en bois, aux rainures du carrelage, à l'ampoule qui pend du plafond. Souvenirs colligés par nos mémoires attentives et qu'un coup d'œil complice suffit à sortir du silence. Nous nous sommes refusé l'ultime regard sur la maison verrouillée et le jardin déjà défraîchi et nous sommes engouffrées dans la voiture. Nous y attendent les chats, condamnés au panier et qui soufflent à claire-voie leur mauvaise humeur ; nous y attendent aussi les plantes d'appartement dont les feuillages bruissent dans les virages.

Je roule lentement, consciente que cette route familière ne sera plus la même lorsque je la parcourrai en touriste, en visiteuse revenue au village à l'occasion d'un repas amical. Jean, parti avec le camion des déménageurs, est sûrement déjà arrivé ; mais quoi ! tous ces hommes n'ont pas besoin de moi pour décharger les meubles et je m'accorde, comme une consolation, le droit de musarder. Peu à peu se resserre autour de nous le filet aux mailles glissantes des maisons que jouxtent les prés, puis d'étroits jardins, puis des trottoirs perclus de bitume. Nous nous sentons prises au lacet des rues que commandent les feux tricolores et qui luisent, mordorées, sous la pluie fine. Les pneus chuintent sur l'asphalte. Des poignées de feuilles s'envolent, alourdies d'eau. Et le ciel, blanc et terne, coupe l'élan du cœur qui voudrait dériver à la suite de quelque nuage.

– Maman, regarde !

Marie a crié tandis que je freinais. Immobile, planté au milieu du carrefour, le chien nous regarde venir. Une ombre de chien, osseuse et pelée, avec en guise de queue un maigre plumeau de poils collés. Nous voit-il seulement, le chien ? Son échine plieuse le courbe vers le sol et ses yeux ont mille ans. On ne devrait jamais attacher son regard aux prunelles terribles d'un chien errant.

– Tu crois qu'il est perdu, maman ? demande Marie d'une voix que l'inquiétude cisaille.

– Je crois, oui...

– On le prend, dis maman, on le prend ?

– On a déjà deux chats... Ça paraît difficile...

– Ça ne fait rien, on s'arrangera, on leur expliquera aux chats, c'est pas grave, ils vivent dehors !.. Et lui, il est perdu, il est tout maigre...

– Ton père va faire une de ces têtes s'il me voit ramener ce clébard...

Et, déjà, en employant le futur proche, j'ai conscience de me compromettre.

– Papa, on lui expliquera aussi, il comprendra, dis oui maman ! On a abandonné la maison, on va pas abandonner aussi le chien !...

Comme elle a dit cela, ma fille, et comme je la comprends, moi qui éprouve ce sentiment écrasant de responsabilité vis-à-vis des choses impuissantes, des bêtes innocentes dont je tiens le sort en mes mains.

– Ecoute : la voiture est pleine comme un œuf, ce n'est pas possible d'y mettre le chien, surtout avec la présence des chats... Voilà ce que je te propose : nous allons décharger et nous revenons le chercher... S'il est encore là. C'est le sort qui décidera : peut-être qu'il nous attendra, peut-être qu'il sera parti ailleurs, que quelqu'un d'autre l'aura emmené... Tu es d'accord ?

Elle acquiesce, un peu à contrecœur.

Quand nous sommes revenues et que nous avons cherché, au carrefour et dans les rues avoisinantes, le chien errant, il avait disparu. Sans doute n'étions-nous pas dignes de lui.

CHAPITRE 20

D'un saut de puce, octobre s'est débarrassé des quelques jours de classe demeurés accrochés au calendrier et nous voilà en vacances. Elles sont les bienvenues car elles nous permettent de prendre nos repères et de nous creuser notre place dans notre nouvelle demeure. Les chats, les premiers, en ont fait le tour, flairant avec circonspection le territoire à eux dévolu et dont ils s'empressent de chasser toute gent féline ; ce jardin borné de cassissiers et gardé par un pommier plus que centenaire est à eux : qu'on se le dise ! Il est à Marie aussi, qui en inventorie chaque jour les coins, recoins, cachettes, et dont la balançoire pendouille – installée dès l'arrivée – à une maîtresse branche du maître pommier. Jean, que tout lieu nouveau comble de délices, bricole, des caves au grenier, en compagnie des plus grands succès de Pavarotti dont la voix, un rien trop puissante, fait s'écarter un brin les rideaux aux fenêtres voisines.

Moi seule ai du mal à tisser ma joie dans ces murs étrangers qui me semblent hostiles et ne sont qu'indifférents. Je vais d'une pièce à l'autre, somnambule inquiète aux sens en alerte et qui cherche ses odeurs familières, la sueur de ses émotions, les traces de son vécu. Je promène mes mains sur les tapisseries dont je me sais incapable de déchiffrer les secrets et sur nos meubles mal acclimatés qui ont l'air en visite. Jean me secoue et me rabroue :

– Cesse de rôder comme une âme en peine en te tordant les doigts : tu fabriques de l'angoisse heure après heure ! Va dehors, va !... Les arbres et les oiseaux sont partout les mêmes, va, sors, ça te fera du bien !...

Et il me pousse aux épaules vers l'escalier et le jardin où l'herbe frissonne sous un soleil pâlot mais guilleret qui fait flamber les feuilles roussies. Et moi, je frissonne aussi dans la belle lumière qui ne parvient pas à réchauffer en moi l'animal frileux et blessé ; je me recroqueville et je couve farouchement ma nostalgie et mes regrets.

Les jours, que ne rythme aucun emploi du temps, que ne fait tressauter aucune sonnerie, s'enroulent mollement les uns aux autres, pelote ronde et pleine qui procure à l'esprit l'apaisement béat de la monotonie. Dès le matin, le ciel pétille, lavé de bleu ; la lumière monte, tiède et crue ; le vent fait frémir doucement les bouleaux en bouquets. C'est l'été indien, flamboyant et menacé, dont la caresse a la douceur de la maturité fragile. Déjà, des feuilles mortes ourlent les caniveaux ; au premier coup de bise, les arbres se déferont. En attendant, nous vivons dans un bienheureux équilibre que chauffe le soleil presque piquant. Il allonge sur l'herbe courte l'ombre du chat noir qui, frémissant par courtes saccades du sommet du crâne au bout de la queue, guette quelque insecte dont la présence l'a figé dans l'immobilité de l'affût. Ses beaux yeux, étirés vers les tempes, lui font un masque chinois auquel il est bon de ne pas se fier. A l'observer ainsi, je suis sûre que je l'agace ! L'autre chat, blanc et noir comme un domino mal colorié, s'est allongé, yeux clos, à l'aisselle de deux branches du pommier. Bras musculeux, elles offrent aux griffes leur écorce boursouflée dans laquelle on peut labourer à plaisir. Les vols croisés de mésanges font lever au matou une paupière, une seule : pur réflexe. Il les sait inaccessibles et, s'il claque des mâchoires avec un feulement à fond de gorge, c'est uniquement par habitude... Les moineaux qui s'affairent dans l'ombre des chéneaux lui font parfois dresser la tête avec intérêt. Je suis sûre que, derrière son oreille pointée, dans sa tête de vieux chasseur qui en a vu d'autres, il leur promet pour cet hiver de mémorables carnages.

Si, côté rue, la maison a un air propret avec son crépi blanc, ses fenêtres juponnées de dentelle de part et d'autre de la porte d'entrée et l'auvent de tuiles qu'elle porte en frange sur le front, côté jardin, elle est un peu miséreuse ! La couleur s'écaille, les marches de l'escalier sont de guingois et une lézarde la défigure sur deux bons mètres. Une glycine noueuse pousse au pied du mur et pendouille, mal ficelée, poussant des surgeons dans tous les sens et entortillant son échevellement aux volets. Cette glycine, il faudra la tailler, couper dans l'or de son feuillage ; au printemps, elle habillera le mur, comme à la ferme. Oh ma ferme fessue, ma ferme aux pierres roses, quelles images de toi se dressent dans le soleil ? Le jardin, lui aussi, fait mal.

Dernier jour de vacances : nous allons à la pêche. Le canal, tout proche, a réveillé chez Jean de vieilles nostalgies : il a envie de renouer avec le souvenir d'un jeune garçon qui passait ses jeudis au bord de l'eau en compagnie de sa canne à pêche et d'un quignon de pain.

– Du pain sans jambon-beurre ? demande Marie à

qui il explique la chose.

– Tu sais, quand j'étais gosse, le jambon-beurre comme tu dis, c'était du luxe !

– Et toi, tu étais un petit pauvre ?

– Pas spécialement, c'était pareil pour tout le monde... C'était l'après-guerre...

– Et tu avais quand même des sous pour acheter une canne à pêche ? reprend-elle avec son solide bon sens.

– J'en avais bricolé une...

Elle rit :

– Tu es un bricoleur-né, hein ?

Il rit aussi, assez fier d'elle, tout en arrimant sur son vélo l'attirail de pêche ; moi, j'ai enfourné dans les sacoches du mien le pique-nique pour midi. Et nous voilà partis... Il suffit de descendre la rue, faire le tour du rond point et filer vers la zône industrielle. Passés les premiers entrepôts, c'est l'écluse et le chemin de hâlage. Il livre aux roues de nos bicyclettes la nudité de ses deux sentes jumelles que sépare une crête herbue et à ma pensée vagabonde le souvenir de « Sans Famille » et de la péniche merveilleuse surgie devant Rémi ; indéfectible, du fond de mon enfance qui se repaissait de la lecture d'Hector Malot, elle glisse sur les eaux du temps qui passe et décolore l'imaginaire, page à page, jusqu'à l'oubli, jusqu'à la mort sans doute.

Nous roulons en file indienne et l'ombre de notre convoi s'allonge, longue et pâle, sur le bord du talus et jusqu'au milieu du canal où le courant, à peine perceptible, fait trembler ses contours. L'eau a la verdeur des herbes du fond et charrie des feuilles tombées qui s'échouent en flaques blondes, frémissent un peu contre la rive, repartent, entraînées par un friselis qui les aspire et les emporte. Nous ne disons rien, pris aux rets de la lumière matineuse, de la tendre douceur de l'air, des bruits menus qui nous accompagnent : froissements de branches, cri lointain d'un oiseau perdu au bleu du ciel, cliquetis léger de nos machines, soupirs de brise, bredouillis d'eau...

Promenade paisible que la nôtre ; promenade facile : le pied n'a même pas conscience d'appuyer sur la pédale, la main pèse à peine sur le guidon, le regard s'évade, comme tiré par le fil rectiligne du chemin qui fuit, si loin, droit devant. Promenade enchâssée dans la vie quotidienne et familière : la route goudronnée nous suit de près, porteuse de temps à autre d'un ronronnement de moteur et les champs, bourrelés par le gros labour, filent vers des maisons dont la cheminée fume, dont les fenêtres brillent d'un éclat volé au soleil.

Bientôt, nous atteignons l'embranchement qui permet de rejoindre le canal de la Haute-Saône tandis que le canal du Rhone au Rhin croise et décroise ses détours aux boucles de l'Allan. Là s'est formé un large bassin que garde une seconde écluse ; une péniche y piète à l'arrêt, le nez contre la porte du sas, des frusques séchant sur le pont et le marinier plaisantant avec l'éclusière. Elle opère tranquillement la manœuvre, en femme qui fait ça plusieurs fois par jour, un peu hommasse dans son vieux pull over et ses bottes de caoutchouc.

– C'est un homme ou une femme, maman ? demande Marie, impressionnée.

– Tu vois bien que c'est une femme !

– Mais c'est dur, son travail, la grosse vis à tourner...

C’est un travail d’homme !...

Nous assistons au lent équilibrage des vases communicants, fascinés de voir la lourde embarcation traitée comme un jouet dérisoire. Et puis, libérée, elle poursuit sa route au teuf-teuf de son moteur, au large salut de son passager. La bonne femme est rentrée chez elle ; « Ce n’est pas rien, d’être éclusier » chantait Jacques Brel.

Nous passons sur l’autre berge, accotons nos bicyclettes au revers du talus. Il y buissonne des églantiers bien fournis en baies d’un beau rouge sombre qui rutilent au soleil ; il y tremble en dentelle l’ombre des peupliers, leurs feuilles réversibles comme de gros écus ont tapissé le sol où poudroie la lumière. Soulevées à fleur d’eau quelques tiges de saules crèvent la surface, dressent au bleu ardent du ciel leur maigreur rousse. Plus loin, un érable palpite à contre-jour, brandon échevelé que tourmente le vent.

Jean, qui a étalé sur l’herbe le matériel de pêche, monte sa ligne, prépare pour Marie une canne légère qu’elle manie gauchement, indécise :

– Et toi, maman, tu ne pêches pas ?

– Non ! Je suis tellement maladroite que je serais capable de prendre un poisson sans le faire exprès !

– Et tu ne veux pas en prendre ?

– Non.

– Pourquoi ?

– Parce que, quand on pêche, on tue, et que je n’ai pas envie de tuer, même un poisson !

– Alors, pourquoi tu viens à la pêche ?

– Pour le plaisir de la promenade, pour le bord du canal, pour être avec vous...

– Et moi, tu crois que je vais tuer des poissons ?

– Je ne pense pas... Tu n'as pas tellement l'habitude...

– Bon, alors je peux pêcher tranquille ?

– Je crois, oui...

– Drôles de fichues pêcheuses que j'ai amenées là ! grommelle Jean qui, les fesses bien calées sur son petit siège pliant, a pris la pose ancestrale du pêcheur concentré et que rien ne perturbe. Et lui, au fait, pourquoi est-il donc là ? Pour le folklore de tout le fourbi à préparer ? Pour le bruit de succion de sa pipe éteinte qu'il tète gravement ? Pour le plaisir de redevenir, quelques heures durant, un petit garçon tenace, oublieux du temps ?

Nous venons de manger quand nous les entendons. Ce sont, à n'en pas douter, des bruits de moteurs – des mobylettes sans doute. Combien y en a-t-il ? Deux ? Trois ?

– Zut ! Ils vont faire peur aux poissons ! crie Marie.

– Pas moyen d'être tranquilles, même ici ! gronde Jean.

J'acquiesce :

– Dommage... On était bien...

Ils ont surgi comme de nulle part, dans un panache de fumée bleue malodorante et, déjà, se rapprochent, silhouettes pareilles vêtues de jeans et chaussées de baskets. C'est alors que Marie se met à crier :

– Maman ! C'est David !

Mais oui, ce sont bien David et Emmanuel. Déjà, ils ont coupé leurs moteurs, béquillé leurs machines et s'avancent, joue offerte, rieurs, volubiles, emplissant tout l'espace de leur jeunesse bruyante et dévoreuse. David...

Emmanuel... Le temps reflue... Il y a quelques mois, leur vie se mêlait encore à la mienne... David... Emmanuel... Comme ils sont loin déjà ! Vite, savoir ! Sans même m'en rendre compte, j'ai renoué le dialogue. Les ai-je questionnés ? Voilà qu'ils racontent...

– ... Alors, comme j'ai pas été pris pour être routier, je fais de la mécanique à Audincourt ! Là-bas, à l'école, y avait pas de place, mais en mécanique y a pas de problème, et puis c'est facile !

– Ça te plaît ?

– Ouais, ça va, et puis je pourrai toujours faire routier après ! Enfin... peut-être ! Avec moi, y a Nébocha et Mehmet !

– Et Samir, il a pas été pris, ajoute David, mais on sait pas ce qu'il fait, il paraît qu'il a déménagé !

– Et toi, David ?

– Moi, mon père y m'a mis en apprentissage, mais ça me plaît pas !

– Un apprentissage de quoi ?

– Chez un plombier, un copain à lui, il m'engueule toute la journée et il veut rien me laisser faire...

– Si tu lui casses tout, c'est normal !

– J'y casse rien !

– T'y casses peut-être les pieds ! flûte Marie qui ne perd pas une miette de la conversation.

David rit et lui donne une gentille bourrade :

– T'es une maline, toi !

Puis il reprend :

– On voit souvent Nathalie, elle est en BEP à Bethoncourt, elle dit comme ça que ça lui plaît !

– Et on a vu Christelle, aussi, crie Emmanuel, elle est coiffeuse et elle a coupé ses cheveux !

– Et Aline ?

– On sait pas, on l'a plus revue, les autres filles non plus, vous savez, vous ?

– Elle sont en Lycée Professionnel, j'ai croisé Rachida qui m'a donné des nouvelles.

– Et Békir, y double, hein, M'dam' ? Il nous a dit qu'il vous avait encore comme prof et qu'il était content !

– Il travaille bien ? demande Emmanuel.

– Un peu mieux, oui, il sait plein de choses par rapport aux autres, et il en est tout fier !

– Il est rigolo, hein, Békir ?

– C'est vrai... Et Michel, vous l'avez rencontré ?

– Moi, une fois, dit Emmanuel.

– Et alors ?

– Il a dit que le carrelage ça lui plaisait bien et que le patron était gentil mais pas les ouvriers. Et puis il a dit que, quand il faut aller à l'école, il aime pas, que les autres élèves du centre ils sont grands et ils se battent.

– Il a qu'à se battre aussi, tranche David.

– Tu parles ! Il aime pas se battre !

– Il a qu'à s'y mettre !

– David, tu sais bien que « il a qu'à » ne résoud pas tout ; tu le sais bien, n'est-ce pas ?

– Ouais, je sais...

Il soupire :

– On était bien, quand même, en CPPN !...

CHAPITRE 21

C'est arrivé pendant les vacances de Noël. Je ne l'ai pas su aussitôt : nous étions partis dans le Midi. C'est à mon retour que je l'ai appris. Par les collègues. Ceux qui se trouvaient là durant les fêtes et le connaissaient. Parce qu'ils l'avaient eu comme élève. Deux avaient pu se rendre à l'enterrement. Ils m'ont raconté. Un peu.

La conseillère d'éducation avait découpé l'article dans le journal. Elle me l'a donné. Ça avait paru dans les faits divers. Quelques lignes. Il roulait à vélo le long du canal. Le soir. Il a dû heurter un caillou ou une branche qu'il n'avait pas vue dans l'obscurité. On suppose. On n'a pas su. On n'a rien trouvé. Il est passé par-dessus son guidon. Le plongeon. Un vingt-quatre décembre, l'eau est froide. Et puis, en vêtements d'hiver, nager, c'est impossible. D'ailleurs, il ne savait pas nager.

Il a peut-être crié dans la nuit hiémale. Mais c'était loin de toute habitation. Loin de la maisonnette de l'éclusière. La bicyclette, on l'a retrouvée sur la berge. Pas tout à fait appuyée contre le talus. Elle était rouge, presque neuve. Avec une belle plaque à son nom.

C'est pour ça qu'on l'a retrouvé assez vite, lui.

Michel.

Collection
Les Nouveaux Espaces

Les Souffleurs de Vie	Yves COUTURIER
Adieu ! Monsieur l'Inspecteur	José ZAMORA
Zielmann le Juif	Michel DUSSAUZE
Les Enfants Sages	Hervé THIRY-DUVAL
Hors des Sentiers Battus	Jane LAURENT
La Mort de Fany	Michel VUILLEMIN
Mal-Souliers	Yves TURBERGUE
Ephémérides	Roselyne BERTIN

A paraître

Le Pont du Lac St Point	Michel DUSSAUZE
La Mémoire des Listes	Bernard VUILLEMARD
L'Arsène	Michel VUILLEMIN
Les Copeaux Fanés	Yves TURBERGUE

Collection
Jardins Secrets

La Fée Arie	Hervé THIRY-DUVAL

A paraître

Le Dernier des Enchanteurs	Hervé THIRY-DUVAL

Création couverture, mise en page: PHOTOTEXT

Achevé d'imprimer en décembre 1994
sur les presses de l'imprimerie Schraag
90300 Valdoie
Dépôt légal décembre 1994

N° d'imprimeur : E 4129534